Christiane Hastrich und Barbara Lueg

STATT EINSAM GEMEINSAM
WIE WIR IM ALTER LEBEN WOLLEN

Besuchen Sie uns im Internet:
www.eisele-verlag.de

1. Auflage 2021

ISBN 978-3-96161-110-2
© 2021 Julia Eisele Verlags GmbH, München
Alle Rechte vorbehalten
Illustrationen: Axel Raidt, Berlin
Satz: Red Cape Production, Berlin
Gesetzt aus der Caecilia
Druck und Bindearbeiten: CPI books GmbH, Leck
Printed in Germany

Christiane Hastrich
Barbara Lueg

STATT EINSAM GEMEINSAM

Wie wir im Alter leben wollen

EISELE

INHALT

VORWORT   9

SELBSTVERSUCH ALTERS-WG   15

Nachgefragt bei … Henning Scherf   24
Faktencheck Alters-WG   32
Experten-Interview mit Professor Martin Halle   34

SELBSTVERSUCH TINYHOUSE   38

Nachgefragt bei … Susanna   52
Faktencheck Tinyhouse   58
Nachgefragt bei … Eva   60
Nachgefragt bei … Eva   67

SELBSTVERSUCH BAUERNHOF-WG   72

Nachgefragt bei … Udo   80
Nachgefragt bei … Martin   85
Nachgefragt bei … Guido   96
Faktencheck Bauernhof-WG   102
Nachgefragt bei … Liesl   104
Nachgefragt bei … Werner   109

SELBSTVERSUCH CAMPINGPLATZ 113

Nachgefragt bei ... Sonja und Sigurd 130
Faktencheck Campingplatz 136
Nachgefragt bei ... Bea 138
Nachgefragt bei ... Iris 143

SELBSTVERSUCH AUSLAND, ÖKODORF IN DER SCHWEIZ – ODER AB NACH THAILAND? 146

Nachgefragt bei ... René 155
Nachgefragt bei ... Maria 164
Experteninterview mit Cornelius Steger 170
Faktencheck Auswandern 174
Nachgefragt bei ... Ursula 178
Nachgefragt bei ... Sigurd 183
Nachgefragt bei ... Stefanie 186
Nachgefragt bei ... Hannelore 189

SELBSTVERSUCH »SICH NEU ERFINDEN« 193

Nachgefragt bei ... Maya 210
Faktencheck »Sich neu erfinden« 219
Nachgefragt bei ... Thomas 222
Nachgefragt bei ... Anette 229

SELBSTVERSUCH MEHRGENERATIONENHAUS 232

Nachgefragt bei ... Josef 240
Nachgefragt bei ... Christa 247
Nachgefragt bei ... Andrea Müller 252
Faktencheck Mehrgenerationenhaus 260
Experteninterview mit Prof. Manfred Spitzer 262

SELBSTVERSUCH SENIORENRESIDENZ BAD FÜSSING 268

Nachgefragt bei ... Alfred 274
Nachgefragt bei ... Gerda 289
Nachgefragt bei ... Ingeborg 292
Nachgefragt bei ... Elisabeth 295
Nachgefragt bei ... Waltraud 298
Nachgefragt bei ... Leni 302
Faktencheck Seniorenresidenz 307

NACHWORT 310

Quellennachweis 315
Danksagung 317

VORWORT

»Still crazy after all these years …«

Paul Simon

Wir stellen uns das Ganze in etwa so vor: Tief einatmend und die Flügel weit ausgebreitet segeln wir mit enormer Spannweite durch die Leichtigkeit des Seins, getragen von all jenen schönen und schrecklichen, glücklichen und traurigen Augenblicken des Lebens, die uns bis hierher gebracht haben – ins Älterwerden. Manche Momente lassen wir in ihrer Wirrnis hinter uns, andere ragen wie Leuchttürme empor und werfen ihre hellen Strahlen auf unsere Zukunft. Der Rückenwind ist erhebend und das Gefühl erstaunlich gut.

Mag sein, dass dieses Bild etwas kitschig ist, aber es ist vor allem eines: verheißungsvoll. Denn hier, in diesem Moment, beginnt eben mitnichten unsere Restlaufzeit, sondern vielmehr unsere After-Show-Party. Konfetti statt Resterampe. In unserem letzten Drittel holen wir herrlich tief Luft und schöpfen aus dem Vollen. In den kommenden fünfzehn Jahren gehen ab sofort jährlich eine Million von uns »neuen Alten« in Rente. Und wir werden anders leben und wohnen als alle Generationen zuvor.

Was gerade passiert? Unsere Lebens-Revue läutet mit sanftem Trommelwirbel ihr großes Auftaktfinale ein. Und der Ernst des Lebens weicht federleichten Perspektiven. Fakt ist: Unser letztes Lebensdrittel beginnt gerade. Und wir machen uns Gedanken, wo unser Platz sein wird.

Wenn wir darüber nachdenken, wie wir später wohnen wollen, dann geht es auch um unser Selbstverständnis, unser Lebensgefühl, das darin gedeiht. Wie wir im Alter wohnen werden, erzählt viel über den Glutkern unserer Generation, über die Art, wie wir aufwuchsen, über das, was uns antrieb und heute umtreibt. Und vor allem spiegelt es eine grundlegende Veränderung, die unser Älterwerden mit sich bringt. Denn wir werden den Lebensbogen um eine weitere aktive und bunte Lebensphase ergänzen.

Geboren 1965 gehören wir Autorinnen zu den späten Babyboomern. Eine Unmenge an Babys kam damals in Deutschland auf die Welt, ganze Heerscharen brüllten um die Wette. Die geburtenstarken Jahrgänge. Wir haben Kindergärten, Klassenzimmer und Hörsäle bis an den Rand geflutet und elterliche Toleranzen über die Schwelle getrieben. Wie waren einfach immer und überall viele, oft zu viele. Bis der Pillenknick kam. Da wurde es dann ruhiger in der Welt.

Wenn die geburtenstarken Jahrgänge in die Rente ziehen, wird Wohnraum ihr größtes Problem sein. Das ist sicher. Ab 2030 wird jeder Jahrgang, der in Rente geht, doppelt so stark sein wie der der nachrückenden Berufseinsteiger. Was bedeutet das für unser Leben im Alter? Welche neuen Wohnformen lassen sich für uns viele finden?

Hier ist unsere Kreativität, unsere Initiative gefragt. Undenkbar, uns erschöpft aufs Sofa sinken zu lassen. Im Gegenteil: Wir stemmen uns gemeinsam und hellwach gegen die große Müdigkeit und wollen in dieser Phase lieber fiebrig neues Terrain erkunden. Einen flirrenden Platz, der aus der Reihe tanzt und zu uns passt. Ein leichtes, federndes Dach über unseren Köpfen und Herzen. Wir wollen nicht nur den großen Zeh ins Wasser tunken. Nein, wir werden in eine Lebenszeit tauchen und dort noch unbewohntes Land erobern. Auf der Suche nach Weite, Zuversicht, Gemeinschaft. Ob wir wollen oder nicht – wir werden die Trendsetter für ein neues Älterwerden sein, wir werden uns neu erfinden.

So vieles ist anders als in der Generation vor uns. Wir müssen umdenken. Wir sind Pioniere in eine ungewisse Alterszukunft, ziehen die Anker ein und spüren den frischen Wind in den Segeln. Was da gerade stattfindet, ist eine Art Biotopwechsel. Und wirklich spannend, denn wir werden in neuen Gemeinschaften zusammenfinden.

Warum? Weil sich die Bedingungen, Bedürfnisse und Lebensverhältnisse grundsätzlich verändert haben. Generationenverträge gelten nicht mehr, sie sind schlichtweg nicht mehr vorgesehen. Kinder – wenn vorhanden – wurden großherzig für die weite Welt erzogen. Und weg waren sie. Aber, ganz ehrlich: Abhängigkeiten wollten wir sowieso nie. Und Kinder als selbstverständliche Pflegekräfte schon gar nicht, oder?

Mit der Altersvorsorge haben es viele von uns auch nicht so genau genommen. Na ja. Ein Riester-Versuch für das gute Gewissen vielleicht, eine kleine Lebensversicherung. Eventuelle Erbschaften? Schön und gut. Doch damit ist es in den meisten Fällen nicht getan. Altwerden kostet Geld, die Rentenansprüche sind gering. Aber dennoch stehen wir so gut da wie keine Generation vor uns. Wir sind gesünder, gebildeter und unsere Lebenserwartung ist gemeinhin hoch. Und wenn uns Krankheit in dieser Phase doch früher trifft, gibt es Wohnformen, in denen wir damit nicht alleine sind.

Die große Frage verbindet uns deshalb alle: Wie wollen wir im Alter leben? In welche Art von Nest oder Gemeinschaft führt uns unsere Rente, die vielleicht weniger gestattet, als wir uns wünschen? Oder wenn sie für ein Leben ausreicht – ist es die Lebensform, die wir anstreben? Die zu uns passt? Was wird uns wirklich glücklich machen? Worauf wird es unserer Generation, die von Anfang an um Unabhängigkeit und Freiheit gefochten hat, wirklich ankommen? Wir wollten ein anderes Leben als das unserer Mütter; eines, das uns staunen lässt. Wir wollten uns austoben, den Rausch, das Fieber, Freiheit, berufliche Selbständigkeit, finanzielle Unabhängigkeit, Geborgenheit, Liebe. All das.

Wir waren mutig, sind Risiken eingegangen. Und wurden oft dafür belohnt. Aber wie zimmern und modellieren wir uns nun unser Alter zurecht? Und vermeiden auch in dieser Lebensphase eine gänzlich festgelegte Choreographie? Was ist es, dass unser Leben dann wertvoll gestaltet? Von wo kommen Inspiration, Austausch und Freude, nach der wir uns genauso sehnen werden wie heute? Von der nächsten Generation? Von Freunden? Aus Büchern, Theatern, Strandspaziergängen oder weiten Feldern auf dem Land? Auf jeden Fall wollen wir im Alter nach wie vor die Welt anfassen, wollen das Leben spüren. Unseren Alltag mit Kunststücken verzieren, kleinen Momenten Glanz verleihen. Feiern. Auch das Älterwerden. Die Zeit zwischen 55 und 85 ist genauso lang wie die zwischen 25 und 55. Aber ab 55, so empfinden wir es heute, schwindet die Schwere des Seins, alles wird leichtfüßiger. Und das ist wunderbar.

Wir müssen, wir wollen für uns selbst sorgen. Mit all der Selbstbestimmung, die sich unsere Generation in den vergangenen Jahrzehnten erkämpft hat. Wer also sollte sich darum Gedanken machen und Lösungen finden, wenn nicht wir? Wer ratlos ist und keine Antwort weiß, bemüht allzu gern das Schicksal. Aber das wollen wir nicht. Wollten wir nie.

Deshalb haben wir für uns alle schon mal vorgefühlt. Ausgetestet. Versucht. Geschnuppert. Wir wollen mit diesem Buch ein Bouquet an Möglichkeiten zeigen. Viele Wohn- und Lebensmodelle, die in diesem Lebensabschnitt möglich sind, haben wir selbst ausprobiert. Für Sie. Für Euch. Und für uns. Alters-WG? Tinyhouse? Dauercamping? Mehrgenerationenhaus? Ökodorf? Oder ab ins Ausland? Dies alles sind Möglichkeiten und Alternativen zu Singlewohnung, Seniorenheim und Ratlosigkeit.

Wir waren überall, haben uns Zeit genommen und probegelebt, sind an alle Orte gereist, haben mit Betroffen gesprochenen, ihre Erfahrungen gehört und zu Erkenntnissen gebündelt. Nach allem, was wir für dieses Buch gesehen, gehört, erfahren und getestet haben, bleibt eine große Zuversicht: Unser Älterwerden könnte grandios werden. Vielleicht die schönste After-Show-Party, die es je gab – befeuert und getragen vom vertrauten Soundtrack unseres Lebens, der noch immer aus jeder Party das Beste hervorgeholt hat.

»Strike another match,

go start anew.«

Bob Dylan

SELBSTVERSUCH ALTERS-WG

Jahr für Jahr – immer wieder auf den gleichen alten Pfaden unterwegs…

Teilen tröstet. Teilen schont Ressourcen. Teilen macht stark. Wenn wir über Alters-WGs sprechen, sprechen wir auch über Freundschaft. Über echte Freundschaft.

»Year after year
Running over the same old ground
What have we found?
The same old fears
Wish you were here.«

Pink Floyd

Ein grandioser Song, den Pink Floyd da schrieb. Eine Hymne an Syd Barrett, Gründungsmitglied der Band. Acht der elf Lieder auf dem 1967er Debütalbum ›The Piper At The Gates Of Dawn‹ stammen von ihm, er war ein Genie und Exzentriker. Syd gab Pink Floyd einen eigenen Stil. Doch er war ohne Maß. Nicht zu bändigen. Extrem. Und rauschanfällig. Die Drogen brachten ihn an den Rand der Zurechnungsfähigkeit. Syd musste die Band verlassen. ›Wish you were here‹ verbeugt sich vor ihm, dem alten Gefährten, besingt seine tragische Abkehr vom Leben. Genauso wie später der Song ›Shine on you crazy diamond‹. Beide Lieder sind wohl auch eine Hymne an die Freundschaft, an gemeinsame Wurzeln, an ewige Nähe.

Wir sind in Bremen und denken an dieses Lied, das unsere Jugend prägte. Auch so ein Song, der zum Lebensbegleiter wurde. Nie erloschen. Immer wieder da.

Es ist ein strahlender Tag. Die Holzbretter der Bank, auf der wir sitzen, sind von der Sonne gewärmt. Der Himmel blau und wolkenlos. Wir schweigen und beobachten die tanzenden Lichter im Wasser. Enten durchkreuzen das Glitzern. Auf der Wiese neben dem Teich umarmen sich verliebte Paare. Ein Fahrradfahrer fährt pfeifend an uns vorbei. Ab und an summt eine Biene über den Himbeerkörbchen auf unserem Schoss, wie eine fröhliche Verheißung, die sich über diesen Tag spannt. Ein Bild wie aus einem dieser Kinder-Wimmelbücher. Ein Sommertag in der Stadt. Idylle im Park. Doch es ist eine Szene im echten Leben.

Wir essen schweigend. Übereinstimmend. Eine dicke, sonnendurchtränkte Himbeere nach der anderen. Es ist ein nachdenklicher Moment, der uns in dieser Kulisse nach unserem Besuch bei Henning Scherf so leise grübeln lässt über das, was Freundschaft für uns bedeutet. Darüber, was sie ist in unseren Leben. So wichtig. So existentiell. So erfüllend. So glücklich machend. Und wie unendlich oft in der Vergangenheit – das rettende Ufer.

Lange haben wir mit Henning Scherf, dem ehemaligen Bürgermeister Bremens, gesprochen. Er hat uns alles gezeigt und sehr viel erzählt über die Geschichte ihrer Hausgemeinschaft, ihrer Alters-WG inmitten der Stadt, die nun seit 30 Jahren währt. Eine spannende, inspirierende Geschichte für uns.

Mit 50 beschlossen er und seine Frau mit weiteren acht Freunden gemeinsam alt zu werden. Lange suchten sie nach einem geeigneten Platz, denn alle wollten in der Stadt bleiben. Möglichst zentrumsnah. Drei Jahre hat es gedauert, bis sie in einer mäßig schönen Gegend nahe Bremens Bahnhof ein überbordend schönes Haus fanden. Henning Scherf will das Haus damals begeistert in eine große Wohngemeinschaft umbauen lassen. Mit gemeinsamer Küche für alle. Doch die anderen Mitstreiter sind strikt dagegen, weil sie Alltagsfriktionen befürchten. Kleinmist, der ihren Plan ausgehebelt hätte.

Also bekam jede Partei ihre eigene Wohnung, die umgehend altersgerecht und barrierefrei ausgebaut und eigens bezahlt wurde. Den Aufzugschacht für den späteren Fahrstuhl bedachten sie gemeinsam gleich mit. Henning Scherf und seine Frau Luise leben im ersten Stock. Eine große Wohnung mit großer Terrasse, die hinten in den gemeinsamen Garten blickt. Unten wohnt Manfred, ewiger Junggeselle, der neulich einen schweren Reitunfall hatte und seither nur eingeschränkt mobil ist. Doch einsam wird er hier nicht. Immer wieder schneit jemand vorbei. Oben links lebt der pensionierte Pastor, Witwer, der sich nun neu verliebt hat in die ebenfalls verwitwete Tante eines jungen Paares, das inzwischen auch hier wohnt und das er getraut hat. Links oben leben Günther und Simone und im ausgebauten Dachgeschoss Klaus und Cordula. Sie ist pensionierte Lehrerin, er ehemaliger Betriebsarzt. Auch sie beide gehören zu den Mitbegründern der Alters-WG. Ein bunter Haufen. Vertraut wie eh und je. Henning Scherf blickt nach oben und grinst. »Da steht er ja«, erzählt er uns und winkt. Günther winkt zurück. »Alles klar?«, ruft Scherf hinauf ins Dachgeschoss. »Ja, alles bestens«, brüllt Günther zu uns hinab. Man spürt das enge Band. Die Fürsorge füreinander.

Zwei Mitbegründer von damals sind in den vergangenen Jahren verstorben. Gepflegt wurden sie von den anderen im Haus. Von ihren Freunden. Henning Scherfs Stimme wird brüchig, als er uns davon erzählt. »Unsere Freundin wollte nicht sterben«, sagt er. »Sie war neidisch oder sauer auf uns, die wir immer noch lebendig und gesund herumliefen und in unserer Gemeinschaft bleiben konnten.« Henning Scherf wird ernst und schweigt. Mehr erzählt er nicht, geht ja niemanden etwas an. Tatsache ist: Er und seine Freunde haben die beiden gemeinsam in den Tod begleitet. »Denn das sollte niemand«, sagt Scherf. »Alleine sterben.«

Die Trauer der Bewohner, die übrig blieben, hat inzwischen eine Kruste bekommen. Es bleibt ein fernes Grollen, doch die Schwermut hat sich gelegt. Und in Gedanken, in den Geschichten ihrer langen Lebensgemeinschaft, die sie sich heute immer wieder gern erzählen, blieben die beiden

Teil der WG. Die große Holzplatte des verstorbenen Freundes hat nun ihren Platz in Henning Scherfs Wohnung gefunden. »Hier hat er früher seine Elektroeisenbahn drauf fahren lassen. Jetzt ist das mein Arbeitstisch«, erzählt Scherf. Es scheint so wenig, aber am Ende ist es so viel. Wahre Freundschaft hat eine liebende Kraft.

»Nobody knows where you are,
how near or how far.
Shine on you crazy diamond.
Pile on many more layers and
I'll be joining you there.
Shine on you crazy diamond.«

Pink Floyd

Das Dach, das sie alle einst über sich spannten, hat Bestand. Seit 30 Jahren. Am Ende. Und im Leben. Im Alltag. Die Gemeinschaft funktioniert. Auch ohne gemeinsame Küche, ohne Gemeinschaftsraum. Vielleicht sogar besser. Ihre Wohnungen sind offen für jeden, aber Privatsphäre wird von allen respektiert. Einmal wöchentlich laden sie sich gegenseitig ein, kochen, reden, sind zusammen. Schwere Themen haben sie nie ausgespart. Und die Wahrheit sagen sie sich auch. Wer nicht die Wahrheit sagt, baut Wälle auf. Das haben sie beherzigt. Wenn es Konflikte gibt, besprechen sich alle. Eine Lösung haben sie so noch immer gefunden. Ohne Mediator. Wie gesagt: Seit 30 Jahren geht das so.

Erkenntnisse des Tages

- ★ *Wenn es zu Ende ist, tut es gut, an den Moment des Anfangs zu denken.*
- ★ *Wir sollten immer wieder überprüfen, wie wir gerade leben.*

Mit ihrer Alters-WG waren Henning Scherf und seine Freunde damals Vorreiter einer Entwicklung, die heute in unserer Generation überall in der Luft schwebt. Denn die Idee ist toll: als Paar oder alleine mit Freunden gemeinsam ins Alter zu gehen. Eine schöne Vorstellung. Denn jeder braucht doch einen Halt in der Welt, und im Alter ganz besonders. Das können Menschen sein, eine Mission, ein Ort, eine Berufung, ein Glaube.

Wir persönlich würden immer die Menschen wählen. Auch wenn es manchmal ja so eine Sache sein kann mit den Freunden im Laufe der Jahrzehnte. Manche fallen aus unserem Alltag und verblassen zu flüchtigen Silhouetten, an die man sich nur noch unter großer Anstrengung erinnert. Dabei waren sie mal ganz nah und wichtig. Mit anderen hat man den Streit von einst nie so richtig überwunden. Wieder andere sind aus unerfindlichen Gründen verschwunden.

Dabei begannen Freundschaften früher in unseren Kindestagen mit großem Ernst und Pathos. Unsere Verehrung für Winnetou und Old Shatterhand beispielsweise, ihre so reale Blutsbrüderschaft war damals unerschütterlich und heilig. Wie haben wir diese Verbindung geliebt! Ein Freund, für den man im Zweifel sein Leben gibt, so dachten wir jedenfalls. Und dann haben wir uns mit unserer jeweils besten Freundin unter so mancher Tanne im Wald in die Hand geritzt und unser Blut auf ewig vermischt. Doch spätestens als sich jene vermeintlich beste Freundin dann später genau in den Menschen verknallte, für den auch wir selbst schwärmten, war es vorbei mit dem Zauber. Von wegen Leben geben. Sicher nicht für die doofe Gans.

Manche dieser vielbeschworenen Blutsbrüder und -schwestern hat man nie wiedergesehen. Aber andere – die gibt es noch. Diese Schatten von damals trifft man zuweilen bei 30- oder 40-Jahre-Abiturtreffen in der alten Heimat. Dann haben die Jungs von damals keine Haare mehr und die Mädchen ganz schön zugelegt. Aber manche leuchten in alter Stärke hervor, weil der Charme, der Witz, der Schalk von damals immer noch derselbe ist. Dies sind für uns die schönsten Momente, wenn wir erkennen, dass nicht jeder Mensch nach 30 oder 40 Jahren ein anderer ist. Und mit ein bisschen Glück begleiten uns diese Menschen durch ein ganzes Leben, während andere sich hinzugesellen. Lebensmenschen. Sie hüten unsere Geheimnisse. Mit ihnen würde man gerne alt werden. Sie kennen uns. Und wir sie. Es macht glücklich, sich mit solchen Menschen zu verbinden.

Die Fragen, die sich uns nun stellen, lauten: Mit wem könnten wir uns eine Alters-WG vorstellen? Und könnten sie sich das umgekehrt auch mit uns? Würde eine große Wohnung funktionieren, in der jeder nur ein Zimmer hätte? Oder müsste man nach Wohnungen im selben Haus suchen? Oder gleich ein ganzes Haus kaufen? Und wenn ja, hätten alle genug Geld, um sich daran ernsthaft zu beteiligen? Und würden sie das am Ende auch?

Eine Alters-WG zu planen, darüber zu reden, auf Partys herumzuspinnen, ist einfach, aber wenn es konkret wird? Hat man dann verlässliche Menschen um sich herum, die tatsächlich mitziehen?

Immerhin: Unsere Generation hat viel Erfahrung mit Studentenwohnheimen und WGs, so mancher von uns hat an die zwanzig Jahre in solchen Gemeinschaften verlebt. Erst waren da neun Semester Soziologie, vielleicht zwölf Semester Kunstgeschichte im Anschluss. Schließlich irgendwann der Magister, um danach zu überlegen, ob es wirklich das richtige war. Nicht wenigen von uns erging es so.

Jedenfalls war die WG lange unser Zuhause. Ein Zimmer mit Ikea-Matratze auf dem Boden, der Schreibtisch vom Sperrmüll, ein Mini-Fernseher, ein Regal, lange und lustige Abende in der Gemeinschaftsküche, Putzpläne, die nie befolgt wurden. Schlecht war das nicht.

Aus diesem Gefühl heraus brachen wir ins Leben auf. Und wer weiß – vielleicht kehren wir nun wieder zurück in dieses Gefühl. Der Gedanke ist nicht übel.

Erkenntnisse des Tages

- ★ *Manche Menschen drehen unsere Welt zur Sonne.*
- ★ *Während man lebt, weiß man oft gar nicht, welche Zeiten im Rückblick die schönsten gewesen sein werden.*

Im Treppenhaus zeigt uns Henning Scherf eine kleine Magnettafel, auf der oben alle Wochentage stehen. Jeder Hausbewohner hat einen eigenen Magnetknopf und schiebt diesen auf den aktuellen Wochentag, an dem er zu Hause ist. Wenn Manfred oder jemand anderes also verreist sind, wissen die anderen, wann er wieder zu Hause sein müsste. So passen sie auf sich auf, ohne sich gegenseitig privat zu sehr zu bedrängen. Das Prinzip funktioniert seit 30 Jahren.

Wir schlendern mit Henning Scherf durch den Garten. Im Sommer sitzen sie oft hier. Manchmal trinken sie Whiskey. Oder essen Salat. Wer mag, setzt sich dazu. Ein großer Tisch steht auf der Terrasse, der obligatorische Grill, fette Hortensien blühen überall. Alles ist gepflegt. Einladend. Bewohnt. Für die zahlreichen Enkel, die es inzwischen gibt, steht eine Schaukel auf der Wiese. Eine Oase mitten in der Stadt. Es duftet nach Blumen. Und schönem geselligen Leben. Henning Scherf wirkt fröhlich, erfüllt von diesem Konzept. Das Haus strahlt Wärme aus. Lebendigkeit. Alte Freunde unter einem Dach machen offensichtlich glücklich und halten einander jung.

Viel Zeit hat Henning Scherf nicht mehr für uns an diesem Tag. Luise, seine Frau, faltet oben auf der Terrasse die Wäsche zusammen und mahnt zur Eile. Ein Blick zu Henning Scherf genügt, die beiden sind seit 60 Jahren verheiratet. Heute Abend radeln sie gemeinsam mit ihren E-Bikes ins Konzert, und Henning muss sich noch umziehen.

Und so sitzen wir da an diesem Sommertag auf der warmen Bank in Bremen und essen schweigend unsere Himbeeren – wohl ein bisschen neidisch auf das, was Henning Scherf und seine Freunde da für sich geschaffen haben. Keiner von ihnen hat die Entscheidung jemals bereut.

Nach-
gefragt
bei ...

– HENNING SCHERF –

*82 Jahre, seit 60 Jahren verheiratet,
3 erwachsene Kinder, 9 Enkelkinder*

Wie kamen Sie auf die Idee der Wohngemeinschaft?

Wenn es eng wird, dann muss man sich zusammentun, das habe ich schon früh im Leben gelernt, noch aus dem Krieg. Ich habe schon immer mit vielen Menschen in Wohngemeinschaften gewohnt. Auch in jungen Jahren, als meine Frau schwanger war, haben wir in Hamburg als Studenten eine Wohngemeinschaft aufgemacht. Das hat gut funktioniert und war eine tolle Erfahrung. Später, nach dem Studium haben wir mit sechs Familien bereits ein Haus bewohnt und uns gegenseitig unterstützt im Alltag und bei der Kinderbetreuung. Das waren alles Vorstufen und Erfahrungen, noch in den Sechziger- und Siebzigerjahren. Als dann unsere drei Kinder aus dem Haus waren, da waren wir Ende

40, da haben wir überlegt, dass wir Lebens- und Wohnraum entwickeln möchten, etwas, wo wir sein können bis zum Ende. Dann haben wir drei Jahre immer wieder mit Freunden diskutiert und nach einem geeigneten Objekt gesucht, schließlich 1987 dieses Haus hier mit zehn Leuten gemeinsam gekauft und ein Jahr lang umgebaut. Jede Familie bzw. jedes Paar hat eine abgeschlossene Wohnung, aber die Türen stehen immer offen – den Garten und die Terrasse, die teilen wir uns. Anfangs waren wir alle gleich alt, dann sind aber sukzessive auch Jüngere eingezogen.

Wo liegt der Vorteil dieser Wohnform?

Ich glaube, das größte Problem im Alter ist die Einsamkeit. Das ist schwer, ja grauenhaft, und manche werden depressiv, sogar paranoid. Einsamkeit verstärkt die Demenz oder provoziert sie, glaube ich. Sich rechtzeitig Menschen zu suchen, mit denen man gemeinsam alt werden kann, ist wichtig: gemeinsam lesen, gemeinsam Musik machen, gemeinsam vielleicht auch Enkelkinder aufziehen, gemeinsam etwas auf die Beine stellen, reden und diskutieren! Wir inspirieren und motivieren uns hier gegenseitig. All das sind kleine Bausteine, die uns helfen, nicht einsam, nicht verwirrt zu sein, sondern zu sagen: Mensch, ich kann ja noch was!

Hat das Leben in der Gemeinschaft auch körperliche Auswirkungen bei Ihnen?

Ich schlafe herrlich, viele andere in meinem Alter haben ja Schlafprobleme. Ich unternehme viel, fordere mich heraus und lasse mich durch die anderen anregen. Auch körperlich, wir laufen und wandern und sind auch immer wieder mit Enkelkindern unterwegs. Das hält mich fit, und dadurch bin wunderbar erschöpft manchmal. Davon abgesehen lese ich auch viel – mein Geist ist munter und angeregt.

Worin bestehen die Herausforderungen, wenn man in einer solchen Gemeinschaft lebt?

Die Wohnszene ist ja bunt gemischt, da hilft es, sich andere Gemeinschaften und Wohnprojekte anzuschauen und aus deren Fehlern zu lernen. Zehn Prozent von ihnen scheitern. Manche, weil sie nicht gut streiten können, sich nicht ausbalancieren können, andere weil sie sich finanziell übernommen haben, oder auch weil Beziehungen zerbrechen. Es ist nicht alles perfekt, aber wenn man vergleicht, wie häufig Wohnprojekte scheitern oder Ehen zerbrechen, dann läuft das mit den Wohnprojekten weit besser. Ob auf dem Land oder in der Stadt, ob Ökogemeinschaften oder religiöse oder kulturelle Projekte, es gibt alles, und so soll es sein – man muss ausprobieren, was funktioniert für einen und was man will.

Gibt es Regeln, an die man sich halten sollte?

Wir haben uns für Etageneigentum entschieden, wir sind also alle Eigentümer unserer Wohnung. Diese Organisationsform ist für uns gut, so ist jeder autark. Darum gibt es schon mal keinen Streit ums Geld. Da bedarf es einer guten Rechtsform.

Jeder kann so sein, wie er will, und das beisteuern, was er am besten kann.

Wir sind der Meinung, nichts soll zu formalisiert sein. Wir versuchen, uns möglichst an keine starren Regeln oder Formen zu halten, sondern immer neu zu diskutieren und zu reden. Wir sind flexibel und kreativ und suchen immer wieder nach Ideen und Lösungen. Jeder denkt sich seine Rolle stets neu aus, überlegt, wo kann ich mit anfassen, was kann ich zur Gemeinschaft beisteuern?

Manfred zum Bespiel hatte einen Reitunfall, und er kann nicht gut laufen, schon seit einem Jahr. Jetzt geht immer ein anderer mal für ihn einkaufen, dafür passt er hier auf. Er ist der erste, der aufsteht, und er versorgt die Mülleimer. Er schaut, dass immer alles gut gefegt ist. Er hat alles im Blick im Haus.

Ich habe immer gedacht, ich wäre der Richtige, um den Garten anzulegen und zu pflegen. Das ist natürlich Quatsch, früher musste ich mich ja noch um Regierungsgeschäfte kümmern und hatte überhaupt keine Zeit, und offen gestanden auch keine Ahnung von Gartenarbeit. Das habe ich dann schon gemerkt.

Gab es denn auch Schieflagen, Konflikte oder schwierige Erlebnisse?

Wir sind bisher ohne Supervision ausgekommen. Es klappt gut. Aber man kann sich auch Hilfe holen und gruppendynamische Prozesse beobachten und sich bei Konflikten helfen lassen.

Bereits drei Bewohner sind hier gestorben, eine Freundin und kurz drauf dann ihr ältester Sohn. Den Sterbeprozess konnten wir intensiv begleiten, das war für uns alle gut, und die Sterbenden waren nie alleine. Wir sind in dieser Zeit nochmal enger zusammengewachsen, und die Freundin des Sohns ist nach dessen Tod hier eingezogen. Der dritte Todesfall kam für uns wie ein Schock, von jetzt auf gleich. Unser Freund und Mitbewohner, der Priester, ist Heiligabend nach dem Abendessen mit Fisch und gutem Wein einfach tot umgefallen. Wir hatten gesungen und alle waren fröhlich. Und als er satt war, alles gut war, ist ihm eine Ader im Kopf geplatzt. Für ihn war das schön, weil er keine Pflegenot hatte, keine Pflegelast war, aber wir hier haben lange an dem Erlebnis gearbeitet und sind eigentlich immer noch dabei es zu verarbeiten. Der Priester wohnte letztendlich nur zwei Jahre hier, aber wir hatten uns lange gewünscht, dass er einzieht und es war ein ganz lieber Freund.

Wenn eine Wohnung frei wird, dann überlegen wir alle lange, wer hier hineinpasst, erst jeder für sich und dann in der Gruppe. Danach fragen wir gezielt bei möglichen Kandidaten an und überreden die geeigneten Personen möglicherweise auch. Die Entscheidung über ein neues Hausmitglied muss einstimmig fallen. Der Findungsprozess dauert. Da muss man sehr geduldig und einfühlsam sein, genau hingucken. Möglichst sollte auch kein Fremder einziehen, irgendwie sollte die Person schon vorher bekannt sein.

Sie säen hier etwas, was leben Sie anderen vor?

Unsere Kinder und Enkel sind oft hier und begeistert von der Wohnform und überlegen, wie sie das für sich fortführen können, in ihrem Leben. In der Gesellschaft gibt es ja immer weniger Leute, die pflegen, und das verschärft sich in Zukunft weiter durch die Bevölkerungsentwicklung. Da ist absehbar, dass wir in eine Pflegenotstandsituation rutschen. Heime sind überlastet, es braucht Alternativen. Ich zum Beispiel möchte hier nicht mehr ausziehen, auch als Pflegefall nicht. Wir haben das hier so organisiert, dass wir mit einem Pflegedienst zusammen arbeiten, und der kommt bei Bedarf – das muss man natürlich bezahlen, aber ansonsten helfen wir uns gegenseitig.

Nimmt die Gemeinschaft die Angst vor dem Sterben, vor dem Tod?

Na ja, man gewöhnt sich zumindest daran. Wir alle sehen das ja hier gegenseitig. Wir werden langsam bescheiden mit unserem Bewegungsdrang, wir unternehmen keine Fernreisen mehr und bleiben im Lande, wir wollen gar nicht mehr so weit weg. Wir fahren nun Elektrorad und stellen uns so langsam um, genießen die Landschaft hier und das Grüne und tasten uns so heran ans Alter und an das ein oder andere Gebrechen – ob das nun das künstliche Knie oder die Hüfte ist.

Was raten Sie denn unserer Generation, also Ihren Kindern?

Die Babyboomer, diese Riesenschar, wenn die alle in Rente gehen – das ist eine Herausforderung. Ich kann nur sagen, man soll rechtzeitig mit Freunden darüber reden, wo und wie man wohnen will, sich eine Gemeinschaft suchen und sich da so langsam heranrobben, mal in der Gruppe Urlaub machen und ausprobieren wie es im Team funktioniert.

Gibt es Gemeinschaftsräume? Wie organisieren Sie sich?

Nein, wenn wir eine große Runde sind, dann treffen wir uns in den großen Wohnungen oder im Garten. Wir essen ja regelmäßig zusammen. So fühlt sich jeder als Gastgeber, räumt auf und kauft ein. Da ist jeder reihum verantwortlich, und das funktioniert gut. Mit einem Gemeinschaftsraum wäre es anstrengend, denn da muss man immer organisieren: Wer pflegt den Raum, wer richtet ihn ein, wer kümmert sich um frische Blumen und die Sauberkeit. Wir haben hier gemerkt, einen Gemeinschaftsraum braucht es nicht – das klingt im Konzept gut, aber in der Praxis, ohne ein konkretes Projekt wie eine Mal- oder Bastel- oder Kochwerkstatt als Aushängeschild funktioniert es nicht. Es gibt hier ein schwarzes Brett, da stehen die Termine und auch wer wann im Haus ist oder gerade im Urlaub. Es ist schön, wenn wir regelmäßig miteinander reden. Eigentlich kommen wir immer mal auf einen Besuch vorbei oder sitzen hier bei Manfred unten in der Wohnung und reden über alles. Die Frauen gehen lieber in eine andere Wohnung, dahin wo es aufgeräumter ist. Man muss hier aufpassen, dass man den anderen nicht zur Last fällt, keinem zu nahe kommt. Jeder muss trotz aller Vertrautheit und Gemeinschaft auch in Ruhe gelassen werden und seinen Lebensstil pflegen können. Jeder macht so sein Ding. Ich zum Beispiel finde es wunderbar, lange und viel zu schlafen. Jeder weiß auch vom anderen hier, was er gerne mag und was ihm wichtig ist.

Was ist bei der Suche nach einem Wohnhaus wichtig?

Die Lage ist entscheidend. Wo will man wohnen und leben, in der Nähe der Stadt oder mittendrin? Oder lieber im Grünen, weit weg? Und man muss sehr genau schauen, ob die Immobilie geeignet ist. Ideal sind alte Gasthäuser oder Betriebe – die kann ein Architekt gut umbauen zu einzelnen Wohneinheiten.

Es ist wichtig sich zu fragen, mit wie vielen Menschen man gemeinsam wohnen möchte, und wie kann die Wohnhülle aussehen? Man sollte sich Hilfe holen beim Umbau, sich beraten lassen, was praktisch ist und gleichzeitig individuell passt; dieses Haus hier hat daher seinen Charme.

Ich liebe es, spontan ins Theater oder Konzert zu gehen, oder ich gehe auch schon mal einkaufen. Hier ist alles nah und fußläufig erreichbar.

Und was denken wir?

- **Barbara**
  Pro: Mit Freunden ins Alter zu gehen, stelle ich mir toll vor. Vertraut und inspirierend. Gleiche Wellenlänge verbindet.
  Contra: Ich sehe keine Nachteile.
- **Christiane**
  Pro: Es gibt immer ein vertrautes Ohr und nette Gesellschaft.
  Contra: Nichts bleibt privat. Jeder redet wahrscheinlich mit jedem über alles.

ALTERS-WG

In Deutschland lebt fast **74 Prozent**

der Bevölkerung in Städten und Ballungszentren.

Der Trend ist steigend. Damit einher geht

eine *soziale Spaltung*.

In 80 Prozent der Städte konzentrieren sich Menschen,

die Grundsicherung beziehen, zunehmend in Stadtteilen,

die man *Armenviertel*

nennen könnte.[1]

2020 leben in Deutschland

4,8 Millionen Personen

zusammen mit anderen

in einer WG.[2]

Würzburg, Regensburg und Leipzig sind die Städte mit den meisten *Singlehaushalten*. Verantwortlich sind der demographische Wandel und der *Trend zur Vereinzelung*.[3]

In der Regel kostet die *Miete* für ein Zimmer oder Apartment in einer *Senioren-WG* *600 bis 1000 Euro* im Monat.[4]

Experten-interview mit…

– PROFESSOR MARTIN HALLE –

58 Jahre, Sportmediziner, Ärztlicher Direktor an der Medizinischen Fakultät der TU München.
Hat gerade das Projekt »Bestform. Sport kennt kein Alter« ins Leben gerufen.

Warum ist Bewegung mit zunehmendem Alter so wichtig?

Unsere Körperzellen brauchen einen physiologischen Reiz, damit sie nicht ihre Funktion verlieren. Die Eiweißproduktion in den Zellen nimmt im Alter ab. Der Alterungsprozess der Zelle ist nur durch Bewegung zu beeinflussen. So sind die Muskeln mit 30 leicht aufzubauen, mit Mitte 50 noch leidlich, und wenn ich 75 bin, kann ich mit den gleichen Übungen, die ich als 30jähriger mache, trotzdem keine neuen Muskeln mehr bilden. Sportlich aktive Menschen können allerdings den Alterungsprozess zu einem Teil aufhalten bzw. verlangsamen.

Wo liegt das Problem, gerade bei Älteren?

Man verliert im Alter an Ausdauer, Koordination und Kraft. Der Verlust der Koordination und der Muskelkraft machen alten Menschen besonders zu schaffen. Wer stürzt, kann sich nicht abfangen – Muskeln und Nerven greifen nicht mehr schnell genug ineinander, die Reaktionsfähigkeit lässt nach. Ausdauer ist in jungen Jahren besonders wichtig, auch zur Prävention gegen Herz-Kreislauf-Erkrankungen. Je älter man wird, desto größer ist aber die Rolle der Kraft. Radfahren, Laufen, Spazierengehen; all das tut gut, aber Krafttraining ist viel, viel wichtiger! Kleine Einheiten von etwa sieben Minuten reichen, die aber am besten täglich.

Müssen die Gesellschaft und Fitnessindustrie hier umdenken?

Unbedingt. In den Fitnessstudios müssen Geräte und Programme auf die Bedürfnisse von älteren Menschen abgestimmt sein. Denn die Herausforderungen an ein Training sind viel komplexer! Ältere haben oft schon Vorerkrankungen: ein neues Knie oder eine neue Hüfte, oder eine Blasenschwäche. Da braucht es ein anderes Verständnis auch von Seiten der Fitnessindustrie und bessere Angebote: Stabilere »Wackelbretter« mit Haltegriffen zum Bespiel. Auch in den Seniorenheimen muss ein Fitnessstudio zum Standard gehören!

Wie wichtig ist der Sport für die seelische Gesundheit?

Außerordentlich! Wer körperlich fit und aktiv ist, erhält auch seine Lebensqualität und kann alleine in seiner Wohnung bleiben. Wer noch zu Fuß zum Bäcker oder zur Bank gehen oder seine Freunde um die Ecke treffen kann, noch in den zweiten Stock kommt, der ist auch frei und selbstbestimmt in seinem Leben, kann noch am sozialen Geschehen im Alltag teilnehmen. Das ist doch das, was lebendig hält in dieser Welt!

Ich plädiere auch für Fitnessräume in Senioreneinrichtungen. Nicht nur wegen des Trainings, sondern auch um so den sozialen Austausch und den Kontakt unter den Bewohnern zu fördern. Bei einem Projekt in einem Heim, welches ich begleite, gehört das Fitness- und Kraftprogramm zum täglichen Angebot. Da kommen Damen im eleganten Kostüm zum Training und unterhalten sich dabei über Gott und die Welt. Ein Sportraum ist auch eine Stätte der Begegnung! Abseits vom Essen und Kuchen am Nachmittag geht es dann auf einmal um Sport, um ganz neuen Gesprächsstoff!

Das weckt ganz neue Lebensgeister.

Wie wichtig ist Sport für einen guten Schlaf?

Wer sich beim Sport anstrengt, kann in der Regel auch besser schlafen. Mit zunehmendem Alter sind Ausdauertraining und Anstrengung nicht mehr so entscheidend. Da geht es eher um die seelische Gesundheit durch Sport, die hilft auch um gut und entspannt zu schlafen.

Nützt Sport auch der geistigen Fitness?

Ja, aber hier ist eher die soziale Komponente des Sports förderlich. Das Training in einer Gemeinschaft, der angeregte Austausch fördern die Gehirnleistung natürlich weit mehr als stundenlanges Fernsehschauen.

Was, wenn ich bislang eher unsportlich bin?

Für Sport ist es nie zu spät! Auch wer bereits körperlich eingeschränkt ist, kann viel Lebensqualität gewinnen durch gezieltes Training.

Jeder benötigt eine sportliche Routine. Bereits ein Mensch Mitte 50 sollte mindestens dreimal wöchentlich längere Zeit, mindestens 30 Minuten, am Stück Sport treiben. Ausdauereinheiten und Koordinationsübungen sind wichtig, unverzichtbar ist aber das tägliche Krafttraining. Nur das verhilft zu einer essentiellen und langandauernden Fitness auch im Alter.

SELBSTVERSUCH TINYHOUSE

Es ist stockfinster. Die Autoscheinwerfer bestrahlen ratlos eine menschenleere, kurvige Landstraße. Bäume beugen sich in großer Pose über unseren Weg. Wir fahren langsam und durchkämmen mit unserem quietschroten Kastenauto immer wieder Nebelschwaden, die bleiern in der Luft stehen. Unser GPS findet kein Netz mehr. Unser Gespräch ist verstummt, und die Straße nimmt kein Ende. Aber irgendwo hier soll es sein: das erste und bislang einzige Tinyhaus-Dorf in Deutschland. Wir starren skeptisch in die Dunkelheit. In dieses finstere Nichts. Möchten wir so in unser Rentenalter gleiten? Wird das hier unser Heimweg sein, unser Horizont? Schwarz, menschenleer, ohne Netz? Wir hätten einfach tagsüber aufbrechen sollen. Im Hellen, wenn das Leben zuversichtlich pocht und Menschen von Wundern träumen. Das wäre schlauer und schöner gewesen. Aber egal. Zu spät. Jetzt kriechen wir eben durch diese rauchige Nacht und schließlich sehen wir endlich das Schild. Noch drei Kilometer bis Mehlmeisel. So heißt das Dorf wirklich: Mehlmeisel. Das ist unser Sehnsuchtsort für die kommenden drei Tage. Wir müssen lachen und treten aufs Gas. Genau in dem Moment spielen sie im Radio einen dieser Wahnsinnssongs, die man nie vergisst. Er passt zu dieser dunstigen Nacht. Und irgendwie auch zu unserer Stimmung. Wir drehen die Lautstärke auf. Das Leben ist schön.

>> *Cause Baby, there ain't no
mountain high enough.
Ain't no valley low enough.
Ain't no river wide enough
to keep me from getting to you, babe.* <<

Marvin Gaye

Eine junge Frau, die mit ihrem Mann im Tinyhaus-Village wohnt, empfängt uns freundlich und führt uns herum. In der Dunkelheit erkennen wir nicht viel. Was wir sehen, sieht aus wie ein Legodorf für Liliputaner in der Vorweihnachtszeit. Ein Miniparadies, aus einem Märchen entsprungen, umzingelt von finsterem Wald, fernab der Welt. Ein Ort jenseits von allem. So scheint es. Lichterketten schmücken winzige Veranden vor den Häusern. Alle sind aus Holz, bunt angemalt. Mit kleinen Fenstern, an denen ebenso kleine Vorhänge baumeln. Die pittoresken Schuhschachteln, in denen echte Menschen leben, bilden einen Kreis, in dessen Mitte eine Feuerschale steht. Tanzen die Zwerge hier vielleicht nachts rund um die Flammen?

Wir stehen mit unseren Koffern etwas fassungslos vor unserem Häuschen, dass Lillstuga heißt und fragen uns, ob wir nicht am besten draußen auspacken sollten. Hier werden wir also drei Tage probewohnen. Auf knapp 15 Quadratmetern, die alles, was man zum Leben braucht, beherbergen. Zwei Doppelbetten in der Hochebene, eine Küche, ein Bad, ein Esstisch und ein Wohnzimmer im Basement. Das Ganze ist ein logistisches Meisterwerk.

Wir gucken uns an. Ist das nun ein Lebens- oder ein Albtraum?

Die Fragen sind für uns alle wohl gerade im Alter wichtig. Wieviel Raum braucht ein Leben? Sollten wir allen Ballast abwerfen und uns aufs Wesentliche reduzieren? Sollten wir im Alter rechtzeitig ausmisten?

Wie war das, als unsere Eltern starben? Eine Generation, die noch den Mangel des Krieges erlebt hatte. Ihre Häuser und Wohnungen waren angefüllt von Erinnerungen, gelebter Zeit, Jugend, Erwachsensein, Familie, Wehmut, Zukunft, Glück. Sie waren reich bestückt mit Persönlichkeit, mit dem, was ihr Leben ausgemacht hatte, aber eben auch mit der Unmöglichkeit, loszulassen. Das war schön und gleichsam beklemmend. Unser Elternhaus war so bedrückend voll, als alles zu Ende war, dass die Leere nach ihrem Tod umso größer war. So übermächtig. Diese ganze Verlassenheit der Dinge, die übrig blieben. Die Bilder, die Bücher, die Vasen, das alte Silber, die Möbelstücke, die immer noch atmen, wenn Eltern gehen. Der Abdruck des Sessels im Teppich, der Geruch der Kleidung, das lockere Schrankbein, die Kommode mit der quietschenden Schublade. Überall waren Dinge, die ein Leben prägten, diesen Duft von Kindheit, von Heimat, von Geborgenheit. Wenn wir zu Besuch nach Hause kamen, waren wir umhüllt von vertrauten Reliquien, die Erinnerung mit Leben befeuern. Auch Jahrzehnte später noch. Es tat gut, die Dinge anzuschauen.

Braucht man nicht gerade auch zu Lebzeiten im Alter die Spuren und Abdrücke, die unsere Existenz hinterlässt? Den Stein vom Nordseestrand? Die Kinderfotos der Cousine, die früh verstarb? Die Bücher des lesefanatischen Großvaters? Den alten Kochtopf aus der ersten eigenen Wohnung? Wer weiß. Ein Interview mit der Schauspielerin Hannelore Elsner, das sie kurz vor ihrem Tod gab, kommt uns in den Sinn. Darin erzählte sie, wie sie im Alter so gerne durch ihre Wohnung geht und all die Dinge anschaut. Die Bausteine ihres Lebens. Diese vielen kleinen Puzzleteile, die sie sich so gerne in Erinnerung rief. Wo sie heute wohl sein mögen? Auf dem Sperrmüll? Verpackt in einem Lagerraum? Oder haben sie heute in der Wohnung ihres Sohnes einen neuen Platz gefunden?

Lillstuga, unser Tinyhouse, hat für Lebensbausteine jedenfalls definitiv keinen Platz. Als wir unsere Taschen abstellen, ist der Boden bereits geflutet. Wir übersteigen Koffer und Wanderschuhe, lassen uns auf dem roten Zweiersofa, das als Wohnzimmer dient, nieder und blicken uns um. Vor dem kleinen Fenster steht ein Klapptisch. Von dort erreicht man mit einer Umdrehung die moderne Küchenzeile mit vier Herdplatten plus Dunstabzugshaube. Immerhin. Andernfalls würde man hier bei zu viel Kochdampf wohl auch ersticken. Von dort ist es nur ein Schritt bis zur Schiebetür, die ins kleine Bad mit Eckdusche führt. Auf der anderen Seite steht ein winziges Regal und eine kleine Garderobe. Über uns thront eins der beiden Doppelbetten. Sitzen kann man darauf nicht. Aber man soll ja auch liegen. Auf der anderen Seite über dem Bad liegt das zweite Bett.

Es ist spät. Stille im Dorf. Dunst zieht zwischen den Häuschen hindurch. Ein Uhu ruft aus dem schwarzen Wald. Unsere Lichterkette wirft von der Veranda einen warmen Schein durchs Fenster. Frieden. Irgendwie ist es ganz gemütlich in unserer Schuhschachtel, die uns für die Abendtoilette sehr kurze Wege beschert. Hintereinander gehen wir ins Bad. Dort zu zweit Zähne zu putzen wäre ein Ding der Unmöglichkeit. Die Treppe wiederum, die zu unseren Betten führt, ist eine echte Herausforderung. Steil, wie bei einem Stockbett. Wir müssen an alte Jugendherbergsgeschichten denken, als wir da hochsteigen. Oben angekommen, stoßen wir uns beide erstmal ordentlich den Kopf.

Erkenntnisse des Tages

- ★ *Im Tinyhouse unbedingt den Kopf einziehen.*
- ★ *Vielleicht ist Platz überbewertet.*
- ★ *Oder auch nicht.*

Am nächsten Morgen hat sich der Nebel verzogen. Rote Schleierwolken stehen am Himmel. Wir sind früh wach und blicken aus unseren Gucklöchern nach draußen. Nix los im Dorf. Aus manchen Häusern pusten Schornsteine Rauch in die Luft. Hinter den Fenstern sehen wir Licht und Leben. Das

Dorf wacht langsam auf. Es ist ein schöner Morgen und wir haben beide wider Erwarten in unseren Kojen hervorragend geschlafen. Wir beschließen einen Morgenspaziergang und erkunden die Umgebung. Die Wiese, auf der die Häuschen stehen, ist riesig.

Ein junges Paar hatte auf einer USA-Reise das Wohnmodell in Minihäusern für sich entdeckt. Denn amerikanische Senioren haben es uns ja längst vorgemacht. Explodierende Mieten, der demographische Wandel und die Sehnsucht, auch mit kleinem Budget ein Eigenheim zu bewohnen, hat den Tinyhouses dort zu großer Popularität verholfen. Und damit den Seniorenstatus neu definiert: im eigenen Haus mit wenig Geld ein selbstbestimmtes Leben führen zu können.

Das junge Paar war begeistert von dieser minimalistischen Lebensweise und beschloss, dass sie an kein Alter gebunden ist. Sie kauften in Deutschland dieses ehemalige Campingplatzgelände, holten alle Genehmigungen ein und erfüllten sich hier den Traum eines anderen Lebens. 25.000 Euro steckten sie in ihr selbstgebautes Eigenheim mit WLAN, elektrischer Heizung und Wasseranschluss. Inzwischen stehen hier etwa 30 Häuschen im Miniaturformat mitten im Fichtelgebirge. Menschen ganz unterschiedlichen Alters haben hier ihren Platz gefunden.

Kiespfade verbinden die Häuser, die alle unterschiedlich aussehen. Dazwischen ragen hohe Tannen in den Himmel. Manche Bewohner haben Gärtchen vor ihren Häusern arrangiert. Andere kleine Holzterrassen. Wir spüren: Hier leben Menschen, die sich bewusst für diesen Ort, dieses Leben entschieden haben. Alles ist gepflegt, sauber, kleine Skulpturen liebevoll drapiert, Blumen und Pflanzen hingebungsvoll gesetzt, an deren Blättern Tautropfen glitzern. Wer in einem Tinyhouse lebt, macht offensichtlich nichts unüberlegt. Das Wenige ist klar durchdacht, hat Struktur und Logik. Jedem Bewohner stehen etwa 100 bis 150 Quadratmeter Wiese zur Verfügung. Wer dort wohnt, pachtet das Grundstück und stellt sein Haus darauf. Fertig. Eines steht gerade zum Verkauf. »Es ist ein echt großes Haus«, schwärmte die junge Frau, die uns am Abend zuvor empfangen hatte. »Fast 30 Quadratmeter«. Wir gucken uns schulterzuckend an. Wer minimalistisch lebt, denkt offensichtlich in anderen Relationen als wir.

Wir erweitern unseren Radius und erkunden die Umgebung. Der Wald rund um die Siedlung bietet viel Spazierfläche. Wir fragen uns, ob so unser Leben im Alter aussehen könnte. Ob uns das glücklich machen würde. Eine Umgebung, so weltverloren wie diese? Ohne Auto wäre man hier völlig aufgeschmissen. Ohne Freunde wohl auch.

Es heißt, gerade im Alter solle man neue Erinnerungen schaffen. Glücklicher Momente erleben anstatt alten, vielleicht unschönen nachzuhängen. Dabei tragen wir doch auch so viele gute in uns. Wenn wir in den endlosen Gehirnwindungen graben, fallen uns viele ein. Manchmal ist es ein Geruch, der uns zurückbeamt, manchmal ein Lied, und manchmal reicht ein Blick. Dann ploppen die Bilder auf von nächtlichen Mofafahrten zu zweit durch weite Felder, vom ersten Rolling Stones-Konzert, von endlosen Interrail-Zugreisen nach Griechenland, von Geburten und Kindergartenfesten, von wuchtiger Liebe und sternklaren Nächten, von Stolz und Mut und erfüllten Träumen … Ach, es gibt so viele wunderbare, dichte Momente, die gelebt sind. Und sie verharren mit ihrer sanften Kraft in unseren Köpfen und Herzen.

Meik Wiking, ein dänischer Glücksforscher, ist der Ansicht, dass das Wichtigste für eine schöne Erinnerung hohe Aufmerksamkeit ist. Und da wir besonders aufmerksam sind, wenn wir etwas zum ersten Mal, also etwas Neues machen, bleibt uns diese Situation intensiver in Erinnerung als andere. »Wenn man älter wird, muss man gezielt nach neuen Erfahrungen suchen«, rät Wiking. »Am besten welche, für die man seine Komfortzone verlassen muss, denn wir erinnern uns besonders gut an Dinge, für die wir uns überwinden mussten.«

Wir marschieren weiter durch den Wald, decken alte Erinnerungen gut zu und beschließen, im Alter vielleicht eher mit Drogen zu experimentieren, wenn es denn um neue Erfahrungen gehen soll, als in diese öde Wildnis zu ziehen. Da fällt uns natürlich auch gleich der passende Song ein, den wir fröhlich in die auftauchende Lichtung schmettern.

»One morning I woke up
and I knew you were really gone.
A new day, a new way, and new eyes
to see the dawn. Go your way,
I'll go mine and carry on.«

Crosby, Stills, Nash & Young

Plötzlich kommt uns in dieser Abgeschiedenheit ein Mensch entgegen. Ein rauer, bärtiger Kerl um die 60, der mit seinem Hund spazieren geht. Wir fragen ihn nach dem Weg zurück ins Tinyhouse-Village. Denn schon seit geraumer Zeit haben wir singend im Wald die Orientierung verloren. Er zeigt uns den Weg, und wir kommen ins Gespräch. Es stellt sich heraus, dass er selbst seit etlichen Jahren dort wohnt. Als wir ihn um ein Interview bitten, reagiert er barsch und abweisend. »Wir sind doch keine Zootiere«, blafft er uns an. Offensichtlich sind wir nicht die Ersten, die ihn danach fragen. Das Dorf gilt in der Gegend als Hort der Exoten und lockt immer wieder Neugierige an. Später sehen wir zwei halbnackte Gartenzwerge vor seinem Haus. Vielleicht wäre er ohnehin kein guter Gesprächspartner für uns gewesen.

Erkenntnisse des Tages

- ★ *Wir sollten uns alte Erinnerungen öfter ins Gedächtnis rufen.*
- ★ *Die Frage, was uns glücklich macht, bleibt auch im Älterwerden spannend.*

Abends sitzen wir in unserem Lillstuga-Häuschen, diesmal am Klapptisch. Damit wären die Sitzmöglichkeiten dann auch ausgeschöpft. Wir öffnen eine Flasche Rosé und notieren unsere Eindrücke. Draußen stürmt es. Die hohen Tannen wanken im Wind, der Sturm pfeift durch ihre Äste. Das ist eine schöne Metapher für das Leben, denken wir. Ein Baum, tief im Boden verwurzelt, scheinbar unumstößlich. Seine Krone hoch oben wankt im Wind, senkt und wiegt sich im

Taumel des Sturms, bis wieder Ruhe einkehrt. So wollen wir uns im Alter fühlen. Oder am besten auch jetzt schon.

Unsere Lichterkette schaukelt nervös am Verandazaun und wirft versprenkelte Lichtblitze in unser kleines Heim. Am nächsten Tag um 11 Uhr werden wir eine Frau treffen, die gerne mit uns sprechen möchte. Wir sind gespannt und lassen bei Rosé und Käse den Tag Revue passieren. Was haben wir gelernt? Klar ist: Ein gutes, gelungenes Dasein ist in jeder Lebensphase mit einigem Aufwand verbunden. Und meistens auch mit Mut. Aber der Keim der Zukunft wird immer in der eigenen Vergangenheit gepflanzt. Wir beide jedenfalls werden uns im Alter wohl nicht komplett neu erfinden und schon gar nicht aus allen sozialen Kontakten lösen. Aber wir bleiben neugierig und hoffentlich angstfrei. Die vielen ersten Male sind vorbei, ja, aber wir können neue schaffen. Und was Gemeinschaft stiftet, tut gut, das ändert sich auch im Alter nicht. Der Zusammenhalt im Dorf funktioniert, jedenfalls scheint es so. Selbst die Eigenbrötler finden ihr Plätzchen und lassen gelegentlich ein wärmendes Gespräch mit den Nachbarn zu. Was alle eint: der starke Hang zum Downsizen. Es gibt einen Gemeinschaftraum, in dem sie feiern oder zusammen sind mit all ihren unterschiedlichen Lebensgeschichten und Bedürfnissen. Das schützt vor Einsamkeit und sonstigen menschlichen Notlagen. Und ist das im Alter nicht wichtiger denn je?

Unsere Koffer haben wir mittlerweile unter der Garderobe akkurat drapiert. Unsere Mäntel hängen am Haken. Die Betten sind gemacht, die Küchenzeile sauber gewischt. Unsere dreckigen Schuhe stehen draußen auf der Veranda, beleuchtet von der Lichterkette. Wer ein Tinyhouse bewohnt, muss ordentlich sein. Zu zweit einmal mehr. Das haben wir nach einem Tag verstanden. Die hier leben, sind bis ins Detail sortiert und durchorganisiert. Anders geht es nicht.

Doch diese Disziplin zahlt sich aus, denn die Menschen leben hier unschlagbar günstig.

Wer die 20.000 bis 30.000 Euro für sein Haus aufgebracht hat, kann dann mit etwa 300 Euro Unkosten monatlich (inklusive Strom, Wasser, Heizkosten und WLAN) ein gutes Leben führen und muss sich mit einem absurd gewordenen Wohnungsmarkt nicht mehr herumschlagen. Den eingeschworenen »Tinymalisten« geht es um ein räumliches Umdenken in der Gesellschaft und auch darum, genug Wohnraum für die sozial Schwachen zu schaffen. Oder für Senioren mit wenig Rente.

Allerdings – so hatten uns etliche Bewohner erklärt – ist es immer noch schwer, in Deutschland einen legalen Standort, wie hier in Mehlmeisel, für die Tinyhouses zu finden. Als Wohnhaus kann ein Tinyhouse eben nur genutzt werden, wenn es planungsrechtlich zulässig ist. Hierzulande gibt es komplizierte Bauvorschriften, Genehmigungspflichten und Straßenverkehrsverordnungen. Manchmal funktioniert es am einfachsten auf Privatgrund. Einige Häuser sind auf Räder gebaut und damit örtlich flexibel. Da braucht man dann mobile Wurzeln. Aber auch mit Rädern bewegt sich der Standort meist in einer rechtlichen Grauzone.

Es gab mal einen Amerikaner, der sich – getrieben von der Sehnsucht nach persönlicher Freiheit – ein rundes, oranges Tinyhouse für umgerechnet 6500 Euro auf eine thailändische Mangofarm gebaut hatte. Die Bilder seines Minihauses wurden bei Facebook über 100.000 Mal geteilt.

Nach einer Genehmigung hat ihn dort wahrscheinlich niemand gefragt.

Wir nippen an unseren Gläsern, siedeln auf das rote Sofa um und gucken auf die Schiebetür, die ins Bad führt. Auweia. Würden wir im Alter in einem Tinyhouse auf einer thailändischen Mangofarm leben wollen? Wohl kaum. So viel Rosé können wir heute jedenfalls nicht mehr trinken.

Schließlich wuchten wir uns die Treppen hoch in unsere Kojen. Eigentlich sind es ja keine Treppen, sondern Leitern. Steile Leitern. Alterstauglich sind die jedenfalls nicht. Wer im Alter hier hinauf- oder hinabsteigt, sollte sich auf einen aalglatten Oberschenkelhalsbruch gefasst machen.

Erkenntnisse des Tages

- ★ *Wie immer im Leben hat alles zwei Seiten.*
- ★ *Crosby, Stills, Nash & Young haben echt coole Musik gemacht.*

Am nächsten Morgen stellen wir fest, dass wir erneut bestens geschlafen und keine weiteren Kopfbeulen erlangt haben. Offenbar gewöhnt man sich an die Enge, diesen kleinen Existenz-Radius, hier im Innern. Während man dann draußen aus dem Vollen schöpfen darf: eingespartes Geld auf den Kopf hauen, reisen, Drogen kaufen, in Brasilien überwintern, für ein Konzert nach Tokio fliegen. Vielleicht wäre das Modell im Alter ja doch gar nicht so schlecht. Vielleicht wären wir dann froh, wenn unser reiches, barockes, langes Leben im Alltag überschaubar bleibt? Und nur draußen ohne Sinn und Verstand? Wenn das, was lebenserhaltend zu tun ist, nur ein paar physische Umdrehungen und wenige Schritte braucht. Eine Schiebetür. Ein kurzes Wischen. Ein paar kleine Handgriffe.

Wir strecken uns ausgeschlafen und zufrieden noch einmal in diesen Morgen und machen uns dann – ganz vorsichtig – an unseren Abstieg, die Leiter hinunter. Draußen nieselt es. Schon wieder drückt der Himmel mit grauen, schweren Wolken auf unser Häuschen. Im Sommer ist es hier sicher schöner, leichtfüßiger, weil das Leben ins Freie verlagert werden kann. Wie bei den Dauercampern. Da könnten wir unseren Kaffee jetzt auf der Veranda trinken und beobachten, was der Bärtige hinter seinen halbnackten Gartenzwergen gerade so tut. Da würden wir abends mit den anderen ums Feuer sitzen und einander unsere Geschichten erzählen. Aber vielleicht ist es für uns ganz lehrreich zu sehen, wie es sich hier in der novembrigen Kälte lebt. Heute sind wir jedenfalls total gespannt auf unseren Besuch bei Susanna. Sie ist Ende 50 und lebt bereits seit ein paar Jahren hier.

Wie so oft war es auch für sie ein Lebensbruch, der eine Veränderung erzwang. Ein Knacks, ein Weckruf, der dir sagt: So geht's nicht weiter. Das kann ein Unfall sein, ein Verlust, Verrat oder eine Krankheit. Bei Susanna war es die Trennung aus einer langjährigen Beziehung. Ihr Partner, mit dem sie auf 200 Quadratmetern gelebt hatte, verließ sie. Das Haus alleine zu halten, war auf Dauer sehr teuer, sie hätte nur noch gearbeitet, um dort wohnen zu können. Also fällte sie eine Entscheidung: Sie trennte sich von 90 Prozent ihres Besitzes. Wenn man bedenkt, dass jeder Deutsche im Schnitt eintausend Dinge besitzt, ist das eine Menge. Was übrig blieb? Was brauchte sie für sich tatsächlich? Teller, Tasse, Kleidung, Herd, Bad, ein paar Bücher. Vor allem: ein Dach über dem Kopf und eine funktionierende Gemeinschaft. Irgendwann entdeckte sie das Tinyhouse-Village im Fichtelgebirge. Und kaufte sich dort ein Häuschen.

– SUSANNA –

58 Jahre, Osteopathin und Heilerin, keine Kinder

Warum hast du dich für ein Leben in einem Tinyhouse entschieden?

Nach einer 20 Jahre langen Beziehung war es Zeit für etwas Neues. Ich wollte raus aus meinem gesetzten Leben und der Vergangenheit. Der Bruch in meiner Vita hat mir dabei geholfen, neue Wege zu gehen.

Ein Bekannter hat mich auf die Idee gebracht, er war tatsächlich in einen LKW gezogen, und da bin ich hellhörig geworden, und ich erinnerte mich, dass ich als Studentin schon immer mal in einen Bauwagen ziehen wollte. Dieses Verlangen nach dem Gefühl von Freiheit ploppte wieder auf. Auf einmal dachte ich: Jetzt ist meine Zeit! Jetzt kann ich das tun! Mein Haus ist verkauft und ich habe alle Möglichkeiten. In meinem Beruf kann ich von überall arbeiten. Mich auf Neues einzulassen, schreckt mich nicht – also warum nicht flexibel und mutig sein? Ich habe begonnen, mich umzuhören, und da bin ich schnell auf das Tinyhouse-Village gestoßen. Zuerst befürchtete ich, es sei mir zu eng, einem Campingplatz zu ähnlich. Aber irgendwie hat sich der Gedanke dann doch festgebissen in meinem Kopf; außerdem ist es ja nicht so einfach, sein Tinyhouse irgendwo hinzustellen. Es gibt viele rechtliche Beschränkungen. Zu einem der Tinyhouse-Sommerfeste bin ich einfach hierher gefahren und habe mir alles angeschaut – es war ein schönes Fest mit netten Leuten. Ich habe dann zwei Wochen auf Probe hier in dem Tinyhouse-Hotel gewohnt und dann war die Entscheidung klar: Hier will ich leben!

Viel Platz gibt es in einem Tinyhouse nicht ... Warst du zunächst skeptisch?

Nein, ich weiß, ich brauche nicht viel. Die Küche, einen Wohnbereich und den Platz zum Schlafen, 20 Quadratmeter sind genug. Dieses spezielle Haus habe ich mir anfertigen lassen, und es ist jetzt genau so, wie ich es wollte: Ein Vollholzhaus, mit mondgeschlagenem Holz – designt nach meinen Wünschen auf 7,90 mal 3 Meter. Ich musste mich nur an zwei Auflagen halten, hier darf das Haus nicht höher als vier Meter sein und vom Grundstück dürfen nur zwei Drittel bebaut werden. Der Rest muss Grünfläche sein und frei bleiben. Ich habe einen Pacht-Vertrag, der sich dann nach einem Jahr jeweils automatisch verlängert.

Wie schwer ist es dir gefallen, dich zu reduzieren und dich von Dingen zu trennen?

Es war ein Prozess, der fast zwei Jahre andauerte. Das ging schleichend, stückchenweise habe ich den Ballast von Bord geworfen, alles an soziale Einrichtungen abgegeben oder verschenkt. Aber es war toll: Ich habe mich von vielen Sachen wirklich verabschiedet, sie nochmal in die Hand genommen und dann die Briefe, die Bilder einfach weggeworfen. So konnte ich auch alten Groll, alte Geschichten und Beziehungen verarbeiten und mich damit auch innerlich »gesund reduzieren«. Jetzt bin ich wieder bei mir. Dieses Loslassen war natürlich auch schmerzhaft, aber insgesamt befreiend.

Gibt es eine Erkenntnis, worauf es ankommt im Leben?

Ich habe auch nur noch die Sachen, die ich wirklich brauche. Ich bin viel achtsamer und bewusster geworden. Besitz ist nicht mehr so wichtig, zum Beispiel brauche ich keine eigene Waschmaschine mehr. Früher habe ich gerne eingekauft, auch Dinge, die ich gar nicht brauchte, einfach nur weil sie mir gefielen. Mein ökologischer Fußabdruck ist jetzt kleiner, vom Wasserverbrauch bis zum Essen und Einkaufen. Ich ruhe mehr in mir.

Vermisst du denn gar nichts?

Ich vermisse, mobil zu sein. Hier ist man weit weg von allem. Zum Einkaufen zu gehen ist mühsam. Es mangelt hier dann auch an Teamgeist, was zum Beispiel das Teilen von Autos angeht. Obwohl wir hier auf engem Raum wohnen, herrscht kein großes Miteinander. Jeder macht sein eigenes Ding.

Vermisst du deine sozialen Kontakte von früher?

Ich habe hier viele neue Menschen kennengelernt. Aber die Leute, die hierhergekommen sind, suchen nicht immer Gemeinschaft, sondern oft auch ihre Ruhe. Alle sind sehr unterschiedlich. Der legale Platz, der nun mal nötig ist für das Tinyhouse, ist das verbindende Element – ganz unromantisch. Eine Gemeinschaft hier aufzubauen, ist mir persönlich zu mühsam, zu aufwendig. Ich habe dazu keine Lust mehr. Es ist ja auch so, dass hier junge und ältere Leute zusammen wohnen – ich möchte weder eine Art »Erzieherin« sein noch eine Elternrolle annehmen. Ich kann hier als Ältere Erfahrung anbieten, aber mehr auch nicht. Eigentlich kümmert sich dann am Ende doch jeder um sich. Wenn ich Kontakte will, dann fahre ich auch weiter, um meine Freunde von früher oder die Familie zu sehen.

Was ist, wenn du Besuch bekommst?

Besuch muss woanders schlafen. Platz gibt es hier ja keinen. Aber das ist kein Problem, Gäste müssen dann eben in eine Pension oder ein Hotel.

Freundschaften sind mir sehr wichtig, ich fahre durch ganz Deutschland, um meine Freunde zu besuchen. Ich weiß jetzt, ich muss die Zeit mit den Menschen, die mir nahestehen ganz intensiv nutzen, so werden sie intensiver, wertvoller, dichter.

Fühlst du dich hier manchmal einsam?

Ich setze mich mit dem Thema Alleinsein auseinander. Das musste ich erst lernen. Da ich ja nicht mobil bin, kann ich nicht einfach so weg von hier, nicht ohne Auto. Einsamkeit in negativem Sinne spüre ich nicht, das Alleinsein rüttelt mich eher positiv auf, weil ich dann in mich hineinhorche und überlege, was mich gerade stört. Ich hinterfrage mich dauernd.

Wie wichtig ist es hier, tolerant zu sein?

Ich kenne meine Macken, ich weiß, wann und wie ich meine Vorstellungen durchboxen möchte und wann mir das auch wirklich wichtig ist. Ich muss nicht mit jedem gut klarkommen, und ich erlaube mir auch, intolerant sein. Wenn ich merke, dass ich genervt bin von dieser Zweckgemeinschaft hier, dann zieh ich mit meinem Tinyhouse woanders hin. Schon jetzt weiß ich, hier bin ich noch nicht endgültig angekommen – hier werde ich sicher nicht alt, ich merke immer mehr, wie wichtig die Menschen sind, mit denen ich mich umgebe. Ich suche mehr Miteinander anstatt Nebeneinander. Wo ich das dann finde? Noch weiß ich es nicht, aber ich werde spüren, wohin die Reise geht. Es wird sich alles weisen. Ich vertraue mir und auch dem Schicksal.

Hast du einen Rat oder einen Tipp für andere?

Ich denke, jeder muss auf seinen Bauch vertrauen. Das hätte ich auch tun sollen. Ich hatte hier von Anfang an die Sorge, dass ich mich nicht wohlfühlen würde in der Umgebung, mit den Menschen. Die Nachbarschaft ist mir zu eng und hat zu sehr einen Campingplatz-Charakter. Deshalb werde ich über kurz oder lang auch wieder aufbrechen und mich nach einem anderen Platz umsehen. Das hier ist für mich nur eine Zwischenstation, aber nun … beim nächsten Schritt weiß ich dann, wo ich hin will und dann werde ich ankommen.

Ist dieses Wohnmodell teuer?

Ich brauche hier nicht viel. Das Haus hat etwa 75.000 Euro gekostet. Jetzt zahle ich 290 Euro für den Stellplatz plus Wasser und Strom. Mit 300 Euro monatlich komme ich zurecht.

Und was denken wir?

- *Barbara*
  Pro: Downsizen im Alter tut gut. Die eigenen vier Wände können die Umgebung wechseln.
  Contra: Die Bürokratie für Stellplätze ist zu kompliziert.
- *Christiane*
  Pro: Unnützes hat keinen Platz. Zwangsaufräumen könnte mich befreien.
  Contra: Viel zu klein für große Menschen.

TINYHOUSE

Das Konzept stammt **aus den USA,** als durch
die Finanzkrise und die Immobilienkrise
immer mehr Menschen eine günstige Bleibe brauchten.
Die Idee der »mobile homes«
schwappte **2015 nach Deutschland.**

Die Größe der Häuser variiert zwischen
20 und 40 Quadratmetern Wohnfläche
plus Garten. Es gibt fertige Modelle **ab 35.000 Euro** oder
Anfertigungen nach Maß – mit Solarzellen, Windturbinen
und Luxusbad **bis zu 100.000 Euro.**

Immer mehr Kommunen bieten
städtische Stellplätze
für Tinyhouse-Wohnparks an.
Europas größte Tinyhouse-Anlage
mit **etwa 1000 Häusern**
entsteht in Hannover.

Standplatz, Wasser und Strom
kosten **monatlich circa
300 Euro** – je nach
Grundstückgröße und Lage.

Ein Tinyhouse kann auf einem
Trailer montiert umziehen und
ist damit **mobil**.

Es darf auf einem
Dauercampingplatz stehen,
falls der Platz rechtlich
als **erster Wohnsitz** anerkannt ist –
ansonsten nur auf einem privaten Grundstück.
Auch dann ist ein **Bauantrag nötig**.

Nach-
gefragt
bei ...

– EVA –

*72 Jahre, eine Tochter, 3 Enkelkinder,
ehemalige Lehrerin*

Wie würden Sie Ihr Lebensgefühl im Alter beschreiben?

Ehrlich gesagt, ich empfinde keinen Unterschied zu früher, eigentlich hat sich nichts geändert. Es fühlt sich an wie immer, auch wohl deshalb, weil ich nach wie vor gesund bin. Ich bin unternehmenslustig, treibe viel Sport, habe einen großen Freundeskreis, unternehme viel, auch kulturell. Ich reise und genieße das Leben. Außerdem flirte ich nach wie vor.

**Was gefällt Ihnen besonders in dieser Phase,
was ist das Privileg des Alters?**

Nach der zähen Umstellung vom Beruf auf die Rente habe ich die Gelassenheit entdeckt, den Tag so zu gestalten, wie ich das möchte. Ganz ohne äußeren Druck. Ich sehe mein Leben mit einer Dankbarkeit. Unpässlichkeiten oder menschliche Enttäuschungen versuche ich zu relativieren.

Was missfällt Ihnen?

Die Zeit, Träume oder Vorstellungen umzusetzen, wird knapp. Der Gedanke, dass alles in die letzte Kurve geht, beschäftigt mich öfters, diese Endlichkeit des Lebens ist eben wahr. Trotzdem bleibt man ja der Mensch, der man ist mit seinen Bedürfnissen.

Was macht Sie heute glücklich?

Die gute Beziehung zu meinem Kind macht mich froh. Ich habe einen Freundeskreis, der mir Zuneigung entgegenbringt. Ich erkenne, dass ich in meinem Beruf erfolgreich war und bekomme auch heute noch positives Feedback von meiner Zeit als Lehrerin.

Was macht Ihre Beziehung/Ehe heute anders, also schwieriger oder leichter als früher?

Früher waren die Beziehungen von einer Selbstverständlichkeit geprägt, auch wenn man sich gestritten hat oder Konflikte hatte. Heute bin ich kritischer und kann mein Herz nicht mehr so öffnen wie früher. Der Faktor Sex hat früher viel gedeckelt. Heute ist die Sexualität nicht mehr so erfüllend, und nicht mehr so wichtig. Da treten dann andere Dinge in den Vordergrund, zum Bespiel ein ähnlicher

Geschmack, auch kulturell. Gemeinsame neue Ziele sind wichtig, gemeinsame Projekte. Ob das nun die Idee vom gemeinsamen Wochenendhäuschen ist oder etwas anderes. Kinder als verbindender Faktor fallen ja weg.

Welche Rolle spielt Einsamkeit in Ihrem Leben?

Einsamkeit spielt eine große Rolle. Viele suchen hektisch neue Beziehungen, weil sie Angst vor dem Alleinsein haben. Denn Alleinsein ist zweifellos ja nicht leicht. Deshalb bleiben vielleicht auch viele Paare im Alter zusammen, weil sie eben Angst vor der Einsamkeit haben. Ich habe einen Partner, mit dem ich jetzt zwölf Jahre zusammen bin, der aber nun sehr krank ist. Wir leben in getrennten Wohnungen, jetzt gemeinsame Dinge zu unternehmen, ist schwierig. Darum fühle auch ich mich manchmal einsam, auch wenn man mir das vielleicht nicht so von außen anmerkt. Ich hätte gerne jemanden, mit dem ich morgens zusammen frühstücken kann. Ich hätte gerne einen Hafen, in den ich abends einlaufe, ähnlich einem Schiff, das tagsüber ausläuft, dann aber abends daheim andockt. Ich bin eine treue Seele und hätte moralische Bedenken, einen Menschen, der emotional abhängig ist, damit zu konfrontieren, dass ich vielleicht woanders andocke, jetzt wo er nicht mehr kann. Das hemmt mich natürlich, und ich sitze in einer Zwickmühle. Ich weiß da aber keinen Weg heraus, dafür glaube ich an zu starke Werte. Ich habe viele freundschaftliche Beziehungen, das ist natürlich schön.

Was ist aus Ihrer Sicht und Ihrer Lebenserfahrung heraus generell wichtig für ein gelungenes und erfülltes Leben?

Mit großer Toleranz durchs Leben zu gehen, finde ich wichtig. Andere Menschen in ihrer Andersartigkeit als interessant und nicht als irritierend zu empfinden. Ängste überwinden ist wichtig und sich durch Reisen bewusst zu machen, wie zufrieden man sein kann, in Europa geboren zu sein. Ich bin froh, dass ich ein Kind habe, mit dem ich eine gute Beziehung habe, aber natürlich sollten da auch keine Abhängigkeiten entstehen. Loslassen können war früher wichtig und ist es heute umso mehr, denn sonst sind Enttäuschungen vorprogrammiert, und es wird sonst von beiden Seiten Druck ausgeübt. Jeder soll ja sein eigenes Leben führen.

Wie gestaltet sich Ihr Alltag als Rentnerin und inwieweit deckt sich das mit den Vorstellungen, die Sie im Vorfeld hatten? Was ist schöner, was schwieriger als erwartet?

Ich bin seit jeher eine Kämpferin. An mir scheiden sich die Geister, weil ich immer unverblümt meine Meinung sage. Ich möchte nun lernen, meine Meinung vielleicht sanfter zu verpacken. Damit lässt sich viel Reibung abmildern. Der Übergang in meine Rente war ziemlich problemlos, ich konnte gut mit dem Beruf abschließen. Es ist kein Vakuum entstanden. Wohl auch Dank meiner zahlreichen Freunde und Bekannten, heute bin ich ständig unterwegs. Ich hatte sonst keine konkreten Pläne, wie mein Alter sein sollte, bis auf das Reisen. Ich wollte gerne viel reisen mit meinem Partner, der aber ist ja nun krank. Deshalb mache ich viel alleine. Das ist aber nicht mehr so leicht, denn in meinem Alter ist es schwierig, Kontakt zu finden. Reisende Paare reagieren auf mich zuweilen mit einer Stutenbissigkeit. Das ist weniger schön.

Ansonsten finde ich alt werden einfach nicht schön. Der Faktor Schönheit zählt zunehmend nicht mehr. Die Zuwendung, die man über das Äußere bekommen hat, fällt ja langsam weg. Das gute Gefühl begehrt zu werden, fehlt. Das führt zu einer Ambivalenz, weil ich ja weiß, wie wenig Äußerlichkeiten am Ende zählen, aber es fehlt mir dennoch. Auch dass ich keine lange Partnerschaft hatte, die ich bis heute so führen kann, lässt mich manchmal ein wenig neidisch sein. Dieses Vertraute, einander Halt geben können, das hätte ich auch gerne für mein Leben im Alter gehabt. Das macht mich manchmal traurig.

Gibt es einen Plan, wenn Sie nun doch krank werden? Haben Sie heute schon konkrete Pläne für diese Lebensphase?

Ich gehe davon aus, dass sich meine Tochter um mich kümmert. Sie würde mich sicher nicht in ein Heim abschieben, wenn ich nicht mehr Herr über meine eigene Entscheidung wäre. Natürlich würde auch ich mir wünschen, dass ich einfach irgendwann einen Herzschlag bekomme. In ein Senioren- oder Pflegeheim möchte ich sicher nicht. Ein Mehrgenerationenhaus gefiele mir schon. Aber das ist sicher auch problematisch, weil ich die neue Nähe mit Menschen akzeptieren müsste, mit denen ich dann letztendlich doch nicht so gut klar käme, weil die Gemeinschaft und Nähe aus der Not geboren sind. Das ist ja nichts Gewachsenes. Auf einem Hof mit vielen Generationen unter einem Dach zu leben, das finde ich verlockend. Eine große Gemeinschaft, verbunden mit einem Gefühl der Geborgenheit und gleichzeitig ein gewisses Maß an persönlicher Freiheit: Dies zu haben wäre ein Wunschtraum! Wenn ich wüsste, was wird, dann könnte ich mich darauf vorbereiten. Aber wer weiß, wann und ob ich krank werde! Solange das nicht der Fall ist und ich nicht in irgendeiner Art hilfsbedürftig bin, möchte ich daheim bleiben. Ich habe eine wunderbare Wohnung, eine nette Hausgemeinschaft, das ist alles gut so, wie es ist.

Ich fände es gut und richtig, wenn jeder die Chance hätte, seinem Leben selbst ein Ende zu setzen, solange der Verstand noch funktioniert. Denn wer will denn wirklich auf fremde Hilfe angewiesen sein, die Suppe serviert oder den Po abgewischt bekommen?

Was würden Sie heute Jüngeren als Rat mit auf den Weg ins Älterwerden geben?

Sicherlich ist gesunde Lebensführung wichtig. Der Körper sollte in Form bleiben, man sollte sich um sich kümmern. Ein stabiler Freundeskreis ist ganz wichtig. Auch finanzielle Unabhängigkeit ist essenziel, mehr noch als in jungen Jahren. Auf finanzielle Zuwendung angewiesen sein zu müssen, fände ich extrem demütigend. Das Alter kann teuer sein, angefangen mit einer Putzhilfe bis später vielleicht die Pflege.

Was bedauern Sie rückblickend?

Ich habe mich zu schnell auf emotionale Bindungen eingelassen, deren Tragweite ich nicht überblickte. Der Versuch
der Gelassenheit ist ratsam. Vielleicht hätte ich Beziehungen
früher beenden sollen, aber ich konnte den Schritt nicht gehen, obwohl ich unglücklich war. Das Loslassen fiel mir zu
schwer. Ich weiß heute: Man kann Menschen nicht ändern.
Dinge, die einen zum Beispiel am Partner stören, ändern sich
auch später nicht. Ich rate jetzt jedem, der mir nahesteht,
darauf zu achten, mit wem sie ihre Zeit verbringen, wem sie
ihr Herz schenken. Aber solche Ratschläge kann ich natürlich rückblickend leicht geben.

Worauf sind Sie stolz?

Ich bin stolz auf meine Tochter, die zu einem reflektierten,
unabhängigen Menschen herangewachsen ist. Sie ist ausbalanciert und zieht Kraft aus der Beziehung zu ihren Kindern – viele Werte habe ich ihr ja auf den Weg mitgegeben.
Ich habe sie erzogen. Ich bin stolz darauf, dass ich finanziell
nie abhängig war. Ich bin froh, dass ich noch viele Ideen und
Visionen habe, reise, Leute kennenlerne und noch mitten im
Leben stehe. Es gibt Menschen, die werden 95 Jahre, manche
eben nur 65 Jahre. Die Lebensspanne ist sehr individuell. Ich
habe vielleicht auch einfach gute Gene und Glück gehabt.

– EVA –

51 Jahre, Unternehmerin

Wenn Sie ans Älterwerden denken, worauf freuen Sie sich?

Ich arbeite daran, finanziell unabhängig zu werden, damit ich später freier über meine Zeit verfügen kann. Ich möchte die Möglichkeit haben, länger und häufiger zu verreisen und Freunde in unterschiedlichen Ländern Europas zu besuchen. Ich stelle mir vor, dass ich mit Freunden und Familie dann öfters einfach mal ein paar Tage mit Spaziergängen, Karten spielen, gemeinsamem Kochen und Tafeln verbringen kann und die Rückreise von diesen Ausflügen ganz nach Laune stattfinden wird.

Was verunsichert Sie oder treibt Sie um?

Wie wohl die meisten Menschen treibt mich die Angst vor Krankheiten um. Insbesondere fürchte ich mich vor einer eingeschränkten Mobilität oder generell einem eingeschränkten Handlungsspielraum.

Mein ganzes Erwachsenenleben lang habe ich selbstbestimmt Entscheidungen getroffen, mein eigenes Geld verdient und bin wann ich wollte wohin ich wollte gefahren. Der Gedanke daran, diese Möglichkeiten irgendwann vielleicht nicht mehr zu haben, verunsichert mich sehr.

Haben Sie heute schon konkrete Pläne für diese Lebensphase?

Ja. Als meine Mutter vor zehn Jahren schwer erkrankt und nach einem Jahr gestorben ist, habe ich mich intensiv mit dem Thema auseinandergesetzt, wie ich gerne als älterer (alter) Mensch leben möchte. Ich habe sogar ernsthaft geprüft, ob ich aus dem Thema Alters-WG nicht sogar eine Geschäftsidee machen könnte. Über das Thema habe ich nicht nur viel gelesen und Messen besucht, ich habe mir sogar schon mit einer Architektin Gedanken darüber gemacht, wie man Gebäude formschön um- oder ausbauen kann, damit ein ansprechendes Umfeld entsteht, das sich abhebt und nichts mit dem typischen tristen Alten- oder Pflegeheim zu tun hat.

Was wäre Ihre Wunschvorstellung für das Älterwerden und Ihr Leben darin, wenn Sie frei wählen könnten?

Mein Traum ist, mit Freunden gemeinsam ein großes Haus in Italien zu kaufen und altersgerecht umzubauen. Dort sollten viele kleine Apartments entstehen, die alle mit einer kleinen Küche und natürlich mit eigenem Bad ausgestattet sind, so dass sich jeder Einzelne oder jedes Paar zurückziehen kann.

Es sollte einen großen Gemeinschaftsbereich mit Garten geben, in dem man zusammen Zeit verbringen und rauschende Feste feiern kann. Italien deshalb, um den langen, trüben Wintern zu entfliehen und weil ich persönlich auf Schnee, Eis und Schneematsch verzichten kann. Jenseits der Alpen ist das Klima viel milder, und mir kommt die südländische Lebensweise und Küche entgegen.

Meiner Meinung nach sollte man so ein Wohnprojekt schon in Angriff nehmen, wenn man auf die 60 zugeht und es als Lebenstraum, Sehnsuchts- und Urlaubsort mit schönen Erinnerungen aufladen. Damit gar nicht erst das Gefühl aufkommt ›Hier muss ich später hin‹, sondern: ›Wann darf ich endlich für immer dort sein‹. Das Haus sollte in jedem Fall barrierefrei gestaltet werden und Platz genug haben, dass später bei Bedarf auch eine Pflegekraft dort untergebracht werden könnte.

Meine Hoffnung wäre, dass in so einem Wohnprojekt die Menschen im Freundeskreis aufgefangen werden, die ihren Partner verlieren oder gesundheitlich stärker beeinträchtigt sind als andere. Sahnehäubchen in diesem Traum sind ein gut bestückter Weinkeller, ein großer Raum mit einem Flügel und ein Schwimmbad, in dem man auch wirklich Bahnen ziehen kann. Wenn schon träumen, dann richtig!

Was tun Sie schon jetzt ganz konkret, um sich auf das Älterwerden bzw. das Alter vorzubereiten?

In unserem Freundeskreis gibt es nicht nur schon ein paar ernsthafte Interessenten, sondern sogar einen Spitzenkoch, der sich vorstellen könnte, in einem ähnlichen Setup vorerst ein kleines Restaurant zu betreiben, das später in unsere Gemeinschaftsküche umgewandelt werden könnte. Der Charme an dieser Idee ist, dass wir die Apartments in den ersten zehn Jahren als Ferienanlage betreiben könnten und vielleicht sogar zur Deckung der Investitionen zeitweise extern vermieten.

Wir sind aktiv daran, Immobilien zu besichtigen und nach dem perfekten Objekt zu fahnden. ›Perfekt‹ bedeutet für mich, dass die logistische Anbindung (Auto, Bahn und Flugzeug) gesichert ist und dass es in oder am Rande einer größeren Stadt liegt. Denn mit Sicherheit möchte ich nicht auf Kunst, Kultur und Kino verzichten, genauso wenig wie auf gute ärztliche Versorgung, öffentlichen Nahverkehr und ein paar Stammkneipen in der Nachbarschaft.

Welche Privilegien verbinden Sie mit dem Alter?

Ein großer Gewinn ist, wenn man es schafft, gelassener zu werden. Für mich hat ›Altersweisheit‹ viel mit der Fähigkeit zu tun, die Herausforderungen und Überraschungen des Lebens aus mehreren Blickwinkeln zu sehen und nach Lösungswegen zu suchen, statt sich von Unvorhergesehenem aus der Bahn werfen zu lassen.

Denken Sie über das Thema Einsamkeit im Alter nach?

Ja, definitiv. Und dabei steht für mich nicht nur eine enge Partnerschaft und Zweisamkeit im Vordergrund, sondern dass ich mir den Austausch mit ganz vielseitigen Menschen wünsche. Nur im Austausch kann man sich weiterentwickeln und geistig jung bleiben. Dazu gehören auch Auseinandersetzungen und Reibung, um flexibel und offen zu bleiben. Ich vermute, jeder kennt Beispiele von Menschen, die lange alleine leben und dann unflexibel oder sogar etwas seltsam werden. Oft ist für diese Menschen schon eine unbezwingbare Herausforderung, ein spontanes Essen für fünf Personen auf den Tisch zu bringen. Das erschreckt mich, und so möchte ich definitiv nicht werden.

SELBSTVERSUCH BAUERNHOF-WG

Es ist Freitagfrüh. Wind fegt über den Asphalt und wirbelt Staub auf. Der Himmel ist finster, aber wunderschön. Friedvoll und aufwühlend zugleich. Das Wetter spiegelt in etwa unser Gefühl wider an diesem Tag. Am Horizont strecken sich satte Kornfelder in die Weite. Wir schauen nach oben. Zerzauste Wolken treiben rasend Richtung Westen, als gäbe es da hinten etwas zu holen. Die Bäume wanken im Wind, das Blätterrauschen setzt den Ton für diesen Moment. Niemand spricht. Wir auch nicht. Die Wucht der Natur zeigt wieder mal ihre ganze Tiefe und öffnet den Blick in die eigene Vergänglichkeit.

So könnte eine Geschichte beginnen über Kommen und Gehen, über Wandel und Verlust. Über das Leben. Diese Kostbarkeit, der ewige Kreislauf. Wie es anfängt und irgendwann ausläuft und wie es enden kann. Die Geschichte begann vor Jahrzehnten in einem kleinen Dorf an einem stürmischen Morgen …

Vor uns marschiert ein Gänsetrupp stoisch seines Wegs, die Hälse stolz und furchtlos in den aufgewühlten Himmel gereckt. So sollten wir ins Alter schreiten. Aufrecht. Angstfrei. Glücklich. Hinter den Gänsen trabt Keks, das braune Pony. Und drei Alpaccas. Sie wissen, wo es langgeht. Das ist offensichtlich. Allesamt, ein eingespieltes Team im täglichen Ritual. Alltag im Dorf.

Karl-Heinz zieht sich die Kapuze ins Gesicht und grinst. »Wir gehen bei Wind und Wetter«, sagt er. »Jeden Morgen«. Der Rentner ist über 90, hochgewachsen und ziemlich fit. Auch sein Leben erzählt eine bewegende, einzigartige Geschichte. Dieser aufgeschlossene Kerl mit dem wettergegerbten Gesicht hat unfassbar viel erlebt, bevor er hier auf diesem Senioren-Bauernhof in Marienrachdorf im Westerwald gelandet ist und mit siebzehn Gänsen, einem Pony namens Keks und drei Alpaccas fröhlich spazieren geht.

Karl-Heinz ist gelernter Bäcker. Er kämpfte in der Normandie. Vier Jahre war er in den USA in Gefangenschaft. Dann kam er zurück nach Berlin und kochte sich die Seele aus dem Leib, überall dort, wo er gebraucht wurde. Immer noch ergriffen, erzählt er von jenem unglaublichen Tag, der auch sein Leben prägte, dieser 13. Oktober 1977.

83 Passagiere sitzen in der Landshut. Flug LH 181 soll die Menschen von Mallorca nach Frankfurt fliegen. Doch an Bord sind auch vier palästinensische Terroristen. Sie entführen die Maschine, ein tagelanger Irrflug in den Nahen Osten beginnt. Deutschland hält den Atem an. Bei einem Stopp in Aden erschießt der Anführer des Kommandos Kapitän Jürgen Schumann. Co-Pilot Jürgen Vietor fliegt die Landshut weiter nach Mogadischu. In der Heimat wütet der »Deutsche Herbst«. Das

Kommando an Bord der Landshut will die RAF-Mitglieder um Andreas Baader und Gudrun Ensslin im Gefängnis Stuttgart-Stammheim freipressen. In Mogadischu aber stürmt die GSG-9 die Maschine. Alle Geiseln überleben, drei Terroristen sterben.

Was das mit unserem Karl-Heinz zu tun hat? Nun, er kochte damals mit Verve und Leidenschaft für genau jene GSG-9-Helden. Nachdenklich schaut er in die Ferne, als er von damals erzählt. So viele Jahre. So viel Zeitgeschichte. Jedes Leben so einzig.

Vor uns schnattern die Gänse ahnungslos und wackeln mit ihren Hintern.

Dieser Platz, an dem Karl-Heinz sein zu Hause fand, könnte man als Gegenentwurf zum Altenheim verstehen. Eine Art Pflegebauernhof, eingebettet in sanfte Hügel und Felder. Die Senioren leben hier gemeinsam und kümmern sich um Garten und Tiere. Neun Kühe, sechs Kälber, drei Alpaccas, ein Pony, siebzig Hühner, drei Schweine, siebzehn Gänse, ein Turmfalke, etliche Küken und drei Hofkatzen. Guido Pusch hat den Hof von seinem Vater geerbt. Bauern, seit Generationen, doch die Landwirtschaft wurde rauer und härter und konnte die Familie nicht mehr ernähren.

Wir sitzen mit Guido in der guten Stube des Hofs. Robuste Holztische stehen da, mit Macken und Dellen. Die Patina vieler vieler Abende, vieler Erinnerungen, die nachhallen. In der Ecke ein Holzofen. »Wir sind so jung, wie wir uns fühlen und so alt, wie andere uns sehen«, steht auf einer Tafel an der Wand. Dahinter öffnet sich eine wunderbare Küche. Groß, mit breiten Tresen und Arbeitsflächen aus Holz. Viel Platz für Menschen, die hier gemeinsam kochen können.

Nicht jeder für sich in seinem Einzel- oder Doppelzimmer. Denn darum geht es hier besonders: ums Gemeinsame. Ums gemeinsame Leben im Alter. Guido Pusch erzählt von den Anfängen, was ihn umtrieb damals.

Vor etwa 15 Jahren kam ihm in einer langen grübelnden Nacht die zündende Idee. Er wollte die Landwirtschaft, die kaum noch Ertrag brachte, in den Nebenerwerb verlegen und etwas für die Gesellschaft, etwas Sinnvolles tun. Es war eine innere Sehnsucht, die ihn trieb. Seine Oma hatte Pusch etliche Jahre zuvor früh verloren. Es war eine Art Erweckungserlebnis für den damals jungen Mann. Seine Eltern blieben mit ihm, seiner Frau und seinen beiden Kindern auf dem Hof. Die Gemeinschaft tat ihnen sichtbar gut. Das ließ Guido Pusch nachdenklich werden, und die Idee entfachte in ihm. Zwar mochte der Hof nicht mehr genug Ertrag einbringen, aber es gab hier doch etwas, das anderswo rar war: jede Menge Platz. Und den wollte Guido alten Menschen zur Verfügung stellen. Ein Bauernhof, ein gemeinsames Dach für jene, die etwas anderes im Alter suchten: Selbstständigkeit, Geborgenheit, die Kraft der Natur, die Sehnsucht nach Landleben mit Tieren. Und vor allem: ein Zuhause. Pusch formulierte die Idee eines Pflegebauernhofs in ein paar Zeilen und stellte sie auf Facebook. Innerhalb weniger Tage verzeichnete seine Seite 450.000 Zugriffe. Danach ging alles ziemlich schnell.

Guido Pusch erzählt voller Begeisterung und zeigt uns das, was seine Wurzeln bis heute nährt. Land, Boden, Zuwendung, Tiere, Gemeinschaft, Ursprung. Gemeinsam erkunden wir den Hof, und Guido Pusch spricht wie ein Wasserfall. Er nimmt sich viel Zeit für uns, und wir saugen alles auf, während wir die Räume abschreiten. Die Decken sind niedrig, wie früher. Durchfurcht, wie die Leben ihrer Bewohner. In den Ritzen klebt die Historie ganzer Generationen, ihre Sorgen, Nöte, Freuden, Dramen, Glück. Die Zeit scheint eingefroren. Um die Ecke, hinter der alten Holztür, gibt es tatsächlich noch ein Plumpsklo. Es scheint nicht oft benutzt. Ob es die alten Menschen an früher erinnern soll? Im Alter besinnt man sich nun mal gern auf frühste Bilder. Kindheit und Jugend dringen an die Oberfläche und machen sich breit. Sie stülpen das Leben noch einmal um und lassen die Anfänge bunt und nah aufleben. Wie alles begann, das wird am Ende wichtig. Nach unseren bisherigen Begegnungen für dieses Buch geht das offensichtlich den meisten alten Menschen so. Und bei Guido Pusch können sie an ferne Erlebnisse ganz natürlich anknüpfen, die Spur beherzt aufnehmen, und sie finden sich so wunderbar zurecht. Eine Brücke in die eigene Vergangenheit, die Jung- und Altsein verbindet. Eine sanfte Allianz, die den Lebensbogen spannt. Ganz offensichtlich tut das allen gut.

Im Esszimmer sitzen viele Bewohner und speisen gemeinsam. Wir spicken in den Raum. Manche schweigen, aber die meisten reden wild durcheinander. Eine lebendige Gruppe, die sich viel zu erzählen hat und alle ganz selbstverständlich mit ins Boot holt. Hier gehören sie wohl einfach zusammen. Die Dementen, die mit den Schlaganfällen, die Vitalen, die Stillen, die Munteren. Ein Mikrokosmos, von gegenseitigem Respekt durchdrungen. Die Welt da draußen zählt nicht wirklich. Die Menschen folgen ihrer eigenen Dynamik, ihren Gewohnheiten, Ritualen und Eigenarten. Das genügt. Sie reichen sich selbst. Mittendrin im Mittagsgewusel steht ein leicht abgewetztes, blassgrünes Sofa. Darauf sitzt eine uralte Dame mit aufgerissenem Mund und schläft. Oder ist sie tot? Und keiner hat's gemerkt, weil die Konversation grad so lebendig ist? Wir gucken uns fragend an und denken dasselbe. Guido Pusch bemerkt unsere Blicke und schüttelt den Kopf. Nicht tot. Sie hält nur das tägliche Mittagsschläfchen, dass sie gerne dort einnimmt, wo das Leben ist. Niemand stört sich daran, im Gegenteil. Alles ist Teil des Ganzen: der aufgerissene Mund, das abgewetzte Sofa, die ausgedünnten grauen Haarsträhnen auf ihrer Stirn. Leben und Tod und das, was dazwischen ist und war, in all seinen Farben, die im Alter zuweilen eben ein wenig abgewetzter sind. Na und? Das alles ist normal und wir eins. Die Welt will nichts von ihnen und sie nichts von der Welt. Eine Kolonie an Verbündeten, die sich in der Freiheit des Alters bestens verlieren. Und niemand und nichts wird ausgegrenzt.

»Das kann doch nicht dein Ernst sein«, ruft Martin über den Tisch, mit knapp 60 der Jüngste hier. Motorradunfall.

»Na, selbstverständlich«, sagt sein Gegenüber Rudolf grinsend und rudert mit den Armen. Demenz. Dann schweigt er und sucht einen Faden, den er nicht finden kann. »Als Pfarrer erlebt man so manches«, ruft er nach einer Weile in die Runde.

Martin schnauft und zuckt mit den Schultern. Dann eben ein anderer Faden.

Und Rudolf, den sie hier Udo nennen, erzählt von seinem Leben als Pfarrer, von den Sorgen, von den Problemen, mit denen er konfrontiert war, von den vielen Gottesdiensten und seinem Glauben. Die anderen am Tisch verstummen und hören zu. Udo hat den Faden nun fest in der Hand und läuft zu Hochform auf. Wohin die Welle auch geht, die

Gruppe schwimmt mit ihr. Es wird eine spannende Stunde am Mittagstisch in Marienrachdorf im Westerwald. Und uns kommt ein Lied in den Sinn.

> *»When lonely days turn to lonely nights*
> *You take a trip to the city lights*
> *And take the long way home*
> *Take the long way home.«*

Supertramp

Die Lichter leuchten genau hier. Auf diese Menschen. Ein langer Weg. In der Tat. Am Ende ein Zuhause. Für alle.

Udo ist 82. Seine Demenz nimmt Fahrt auf. Immer mehr Fäden zu verlieren, gehört nun zu ihm. Die uralte Dame auf dem Sofa grunzt und schnalzt mit der Zunge. Sie schließt langsam den Mund, ihr Kiefer knackt bedenklich. Die Runde am Tisch lacht laut auf. Und die alte Dame lacht mit.

Es ist ein schönes Bild, ein guter Augenblick. Diese Gruppe ist wie ein dahintreibender freier Planet. Ein kleines Gesamtkunstwerk, das an den warmen Rand des Lebens gespült wurde. Leben, wie es ist. So wahrhaftig!

Wir sind gerührt und folgen dem Geschehen. Wie lehrreich, dass wir beide diese Szenerie sehen und beobachten dürfen. Jeder darf hier sein, wie er ist. Jeder zeigt seinen Kern und sieht den Kern des anderen. Sollte es nicht immer so sein?

Es macht uns nachdenklich, was die Alten uns hier so mühelos vorleben. Da muss man erstmal hinkommen. Unverfälschtes Sein. Ehrlich und schnörkellos. Respekt. Toleranz. Aber vielleicht braucht es eben auch ein ganzes Leben, um zu erkennen, dass man sich selbst weder verlassen kann noch muss. Dass man so sein sollte, wie man ist. Und dass wir dafür unser Selbst verstehen müssen. Und das der anderen. Jede Therapie, die wir vielleicht schon mal gemacht haben, lehrt uns das. Ein ewiger Prozess. Es bleibt ein Abenteuer, uns im Laufe eines Lebens immer besser kennenzulernen und die Geschichten, die wir über uns selbst erzählen, auch mal loszulassen. Manchmal reicht ja schon, sie anders zu betrachten. Was haben wir im Leben schon für Umwege gemacht, um Probleme nicht sehen zu müssen. Dann zogen wir die Zugbrücke hoch, um beängstigende Gefühle und Wahrheiten, die bedrohlich waren, abzuwenden. Wer lässt schon gern die Brücke herab, wenn es unangenehm wird? Doch im Alter sollte kein Platz mehr sein für falschen Glanz.

Die uralte Frau auf dem Sofa, die über die Pfarrersgeschichten wieder eingenickt ist, wacht endgültig auf, öffnet die Augen, reibt sich durch ihr Gesicht und lächelt uns an. Wir blicken zum Tisch. Udo gibt uns ein Zeichen.

»Er möchte mit Ihnen sprechen«, sagt Guido.

Wir freuen uns und nehmen gemeinsam Platz in der guten Stube. Das Feuer flackert im Ofen. Wir drücken auf »Aufnahme«.

– UDO –

82 Jahre, ehemaliger evangelischer Pfarrer, seit einem Jahr wohnt er auf dem Bauernhof

Seine 12 Jahre jüngere Frau lebt rund 60 Kilometer entfernt, einmal wöchentlich kommt sie vorbei. Seine zwei Kinder besuchen ihn ebenfalls regelmäßig, wenn auch weit seltener. Die Tochter lebt in Augsburg, sie ist Tierärztin. Sein Sohn, ein Mathematiker, hat zwei Kinder. Udo freut sich über die Enkel. Noch weiß er, wer sie alle sind.

Warum bist du hier?

Eher zufällig habe ich einen Fernsehbericht über den Pflegebauernhof gesehen. Das Ambiente und die Idee waren mir gleich sympathisch. Ich komme aus dem Westerwald und bin auf einem Bauernhof aufgewachsen. Der Gedanke, wieder gemeinsam mit Menschen und Tieren zu leben, das gefiel mir sofort. Außerdem finde ich es gut, dass sich alle duzen und es keine Hierarchie gibt. Es fühlt sich hier so entspannt, familiär und geborgen an.

Warum hat dich dieses Lebensmodell angelockt?

Als Pfarrer hatte ich beruflich viel mit Altersheimen zu tun, oft war ich bei Feiern dort eingeladen, und ich wusste, wie es dort oft zugeht. Das Leben verläuft von Mahlzeit zu Mahlzeit, und nicht wenige Menschen sind kaum noch aufnahmefähig für Gespräche. Da geht jeder Tag dahin, immer im gleichen Muster.

Hier dagegen fühle ich mich frei, meine Bedürfnisse werden ernst genommen. Es wird kein Programm gemacht, ich kann tun, was ich mag, nach meinem persönlichen Zeitplan. Manchmal ist es schön, wenn es Angebote und Veranstaltungen gibt, wir gemeinsam feiern, oder zusammen grillen. Aber es besteht keinerlei Gruppenzwang, jeder darf frei entscheiden ob er Lust hat, dabei zu sein.

Wie verbringst du deinen Tag?

Frühstück mache ich mir selbst, das esse ich meist im Zimmer. Aber wenn mir danach ist, finde ich Gesellschaft. In der Wohnküche sitzen immer auch andere, die Gemeinschaft ist immer da.

Ich lese sehr gerne. Einsam fühle ich mich nie, es tut mir gut, hier zu sein. Ich bin froh um den Wohnplatz hier. Viele alte Menschen sind in Altersheimen sehr unglücklich, das habe ich miterlebt. Es geht ja nicht nur darum, gut versorgt zu sein. Wer keine Interessen mehr hat im Alter und auch nicht gerne liest oder schreibt, der tut sich schwer. Aber wenn keiner mehr Briefe schreibt (lacht), muss ja auch keiner mehr antworten. Ich bin gut im Schreiben, und wenn ich die anderen hier unterstützen kann oder meine Hilfe gefragt ist, dann bin ich zur Stelle.

Welche Rolle spielen die Bauernhoftiere hier für dich?

Wir haben hier 17 Gänse, und es ist schön, wenn die Tiere von der Weide kommen. Das erinnert mich dann an früher. Wir hatten früher daheim Rinder, aber die habe ich alle verkauft, als mein Vater starb, genau wie die Hühner, Kaninchen und Schafe.

Kürzlich war ich bei der Geburt eines Kalbs dabei. Da wusste ich gleich, was zu tun ist, das kenne ich von früher, deshalb hatte ich keine Angst, etwas falsch zu machen.

Gibt es auch weniger schöne Aspekte hier?

Was ich schade finde, ist, dass keine Geschäfte in der Gegend sind, bis auf einen Bäcker. Ich würde gerne mal ein wenig bummeln, sehen was es so gibt, aber es gibt hier ja nichts.

Ist dir die Entscheidung, hier einzuziehen, schwergefallen?

Meine Frau hat mich unterstützt, und wir haben gemeinsam beraten, was das Beste für mich und für uns ist. Ich werde zunehmend vergesslich, und meine Frau fühlte sich immer öfter überfordert. Daher war es eine gemeinsame Entscheidung. Nachdem wir uns das Zimmer und den Alltag hier angesehen haben, habe ich gesagt, dass ich mir ein Leben hier vorstellen kann. Aber natürlich, wenn man viele Jahre als Paar zusammen gelebt hat, ist es schwierig, auf einmal getrennt zu sein. Da kommen immer wieder Gedanken an das Vergangene hoch. Einige von uns reden immer wieder von alten Zeiten, von ihrer Kindheit, von ihren Wurzeln, davon, welche Schule sie besucht haben, wie ihr Leben früher einmal war. Auch ich erinnere mich an meinen Vater, der war auch Pfarrer, wissen Sie.

Nach dieser Antwort wird Udo sichtlich müde. Die Konzentration während unseres Gesprächs hat ihn angestrengt. Außerdem biegt Guido um die Ecke mit einer Nachricht. Udos Sohn ist zu Besuch gekommen. Er verabschiedet sich höflich und geht.

Doch in der Tür steht bereits der Nächste, der mit uns reden möchte: Martin, seit seinem schweren Motorradunfall körperlich eingeschränkt und berufsunfähig, musste neu schlucken, reden und laufen lernen, zeitweise hat er heute noch Wortfindungsstörungen. Früher lebte Martin in München und hatte einen eigenen Betrieb in der Holz- und Metallverarbeitung.

Er ist verheiratet und hat eine Tochter, die hier in der Nähe im Westerwald wohnt. Seine Frau lebt als Erzieherin weiter in München und ist dort glücklich. In Bayern gab es für ihn nur die Option, ins Heim zu gehen. Aber daran wäre er zerbrochen.

Gemeinschaftliches Wohnen ist Martin ohnehin vertraut, da er schon früher in WGs gewohnt hat und auch in einem Mehrgenerationenhaus. Gemeinsam mit drei Familien hatte er ein Haus gekauft, doch dann kam eben alles anders. Vor mehr als zwei Jahren wurde bei ihm zudem eine familiär bedingte bipolare Störung festgestellt. Er und seine Familie mussten handeln.

Nach-
gefragt
bei...

– MARTIN –

59 Jahre

Warum haben Sie sich für diese Wohnform entschieden?

Hier ist es sehr familiär. Es ist gemeinschaftlich und geht eher in die Richtung Wohngemeinschaft. Ich habe schon immer gerne gekocht, ich mag handwerkeln und ich mag Tiere. Hier kann ich all das haben und miteinander vereint auch leben. Früher als Kind war ich mit meinen Eltern oft im Wochenendhaus auf einem Bauernhof, so schließt sich für mich der Kreis.

Was schätzen Sie hier besonders?

Es gibt keine getrennten Arbeits- und Lebensbereiche, sondern einen Austausch zwischen den Welten, so kann ich mich in der Hauswirtschaft einbringen oder auch in der

Landwirtschaft. Alle Bewohner sind aktiv und lebendig miteinander verbunden. Auch wer dement ist, kann immer noch gut kochen, und ich kann etwas von ihm lernen.

Hier werde ich gebraucht, alles ist echt, authentisch. Alle packen mit an. Aber trotzdem kann jeder auch tun, was er mag. Ein Bewohner zum Beispiel geht mit den Gänsen raus, kocht die Kartoffeln für die Schweine, aber im Sommer geht er stundenlang zum Angeln. Da hat er seine Ruhe, das ist etwas für ihn, und das passt für alle.

Was ist schwierig? Wo liegt die Herausforderung bei dem Wohnmodell?

Die Umstellung von der gewohnten Umgebung, dem gewohnten Alltag ist gewöhnungsbedürftig. Ich musste meine Ansprüche ans Leben überdenken und neu sortieren. Das hat eine Zeit gedauert. Der Ort hier ist klein, die beschränkte Mobilität ist für mich neu, der Lebensradius ist so anders, als ich es gewohnt war. Das ist für mich immer noch eine Herausforderung, klar. Andererseits, was für Alternativen gibt es? Nach meiner Erkrankung wäre ich vielleicht in einer Wohngruppe untergekommen, aber da hätte ich vielleicht auch psychische Probleme. Etwas wehmütig blicke ich auf meine vergangene Berufstätigkeit. Aber hier kann ich mal etwas reparieren oder kochen, oder im Wald oder auf dem Feld arbeiten. Außerdem gehe ich gerne mit den Alpaccas spazieren und zur Weide. All diese strukturierten Alltagstätigkeiten tun mir gut.

Meine Tochter wohnt in der Nähe und hat mir bei der Umstellung auf die Lebensform hier geholfen. Sie hier nicht weit weg zu wissen, ist ein gutes Gefühl. Mein ehemaliges Zuhause in München ist ja weit entfernt.

Was gefällt Ihnen hier besonders gut, was hat Sie angenehm überrascht?

Wir leben hier gut zusammen. Es gibt Bewohner, die 20, 30 Jahre älter sind als ich, und ich kann von Ihnen lernen. Von ihrer Erfahrung und auch von ihrem Geschick, beim Kochen oder beim Umgang mit den Tieren. Mit einer Dame, einer ehemaligen Hauswirtschafterin, habe ich mich angefreundet, und sie gibt mir Ratschläge, mit ihrer Art komme ich gut zurecht.

Wie ist der Tag strukturiert?

Jeder kann zum Frühstück in die Küche kommen, wann er möchte. Jeder hat ja einen anderen Rhythmus. Eigentlich essen wir fast immer alle gemeinsam und nicht alleine auf dem Zimmer. Um 12 Uhr gibt es Mittag, und da treffen sich alle im Esszimmer, das ist gesetzt. Dieses Angebot nimmt jeder gerne an. Es gibt Wochenpläne, wer wann was kocht, also für die, die mitmachen möchten. Am Nachmittag, um halb drei, gibt es Kaffee und Kuchen, alles selbstgemacht von uns hier. Wir haben hier einen ehemaligen Bäcker, und da kann ich mir einiges abschauen, oder wir arbeiten übergreifend – wenn ich mal mittags Quiche Lorainne mache, hilft er mir beim Teig. So steuert jeder bei, was er besonders gut kann. Das ist ein gutes Gefühl und macht Freude.

Das Essen und Trinken ist ja hier im Konzept und bei der Miete des Zimmers enthalten, die Wäsche und so etwas macht jeder selbst, oder die Pflegkräfte, die hier arbeiten unterstützen uns, wenn wir selber nicht mehr können. Das Einkaufen übernimmt die Leitung hier. Es ist aber ansonsten wie eine normale WG strukturiert.

Ich bin hier zufrieden und glücklich. Mein Leben hat sich anders entwickelt, als ich gedacht habe, aber hier bin ich eher unerwartet froh.

Was für einen Tipp hätten Sie denn für andere?

Ich halte es für wichtig, sich frühzeitig gedanklich damit zu befassen, wo man später sein möchte – zu überlegen in welcher Lebens- und Wohnform sein persönliches Glück liegen könnte. Wenn man sehr spät in ein Wohnprojekt startet, fällt die neue Verwurzelung schwer. Sich erst Gedanken zu machen, wenn es nicht mehr geht, das funktioniert nicht, glaube ich. Wenn die Menschen früh genug eintauchen in ein neues Lebenskonzept, fällt es ihnen leichter, sich umzustellen, hier hineinzuwachsen und dann auch glücklich zu sein. Wenn die Erinnerungen zu stark hochkommen an früher und diese dann Oberhand gewinnen, ist das Leben schwerer.

Auch wenn man über ein gemeinschaftliches Wohnprojekt mit Freunden nachdenkt, sollte man sich mindestens fünf, sechs Jahre im Voraus damit befassen. Einen Baugrund zu finden oder ein geeignetes Wohnobjekt, das dauert lange – es gibt auch viel Bürokratisches zu erledigen. Man muss ja dann nicht gleich dort einziehen, aber die Dinge auf den Weg zu bringen, ist wichtig. Solange man noch selbst Entscheidungen treffen und seine Zukunft aktiv gestalten kann, sollte man es tun und nicht darauf warten, dass andere über einen bestimmen.

>>Dance me to your beauty
with a burning violin
Dance me through the panic
'til I'm gathered safely in
Lift me like an olive branch
and be my homeward dove
Dance me to the end of love
Dance me to the end of love.<<

Leonhard Cohen

Wir schauen uns weiter um auf dem Hof. Kerben im Boden. Gelebte Räume. Das Vermächtnis von Urgroßeltern, Tanten, Kindern, Babys. Es ist spürbar, dass sie alle hier träumten, lachten, weinten, hofften. An der Wand – wieder ein Schild: »Ein neues Leben kannst Du nicht anfangen, aber täglich einen neuen Tag«, steht da. So versuchen sie es hier. Sollten wir vielleicht auch. Vergangenheit. Zukunft. Bleiben. Gehen. Das Leben annehmen, wie es kommt. Jeden Tag aufs Neue. Und jeden Tag ein bisschen aufwärts.

Erkenntnisse des Tages

* *Manche Alte sind einfach unbesiegbar.*
* *Wir sollten nicht aufhören zu empfinden wie früher, als alles zum ersten Mal passierte.*

Ein neuer Tag beginnt. Der stürmische Wind hat sich über Nacht gelegt, schon scheint eine honiggelbe Sonne über die Felder. Wir sehen ein weites Nichts rund um Marienrachdorf. Kaum Geschäfte im Dorf, gepflegte Häuser, lange Schatten in leeren Straßen. Wo sind eigentlich die Menschen? Sind die Alten hier die letzte funktionierende Einheit? Ein Rettungswagen fährt um die Kurve und hält vor der Haustür des Bauernhofs. Zwei Sanitäterinnen steigen aus. Agnes kommt heim. Endlich. Auch sie ist dement. Neulich wusste sie einfach nicht mehr, wie man aus dem Bett steigt. Wie die Schritte gehen, die Reihenfolge. Sie wusste einfach nichts mehr. Dabei brach sie sich den Oberschenkelhals und musste ins Krankenhaus.

Guido Pusch beauftragt ambulante Pflege für alle, die sie benötigen. Sie kommen hierher und kümmern sich professionell und liebevoll um die Alten, die es nicht mehr alleine schaffen. Aber vor solchen Unfällen ist eben niemand gefeit.

Agnes konnte die Fremde im Krankenhaus nicht ertragen. Sie hat sich die Schläuche aus den Armen gerissen. Immer wieder. Ein Verzweiflungsakt, vermutlich. Agnes wollte wohl einfach in ihr vertrautes Nest zurück. Sie hatte Angst, keine Orientierung. Eine Operation war unter diesen Umständen unmöglich. Also brachte man die über 80jährige mit ihrem gebrochenen Oberschenkelhals zurück nach Marienrachdorf.

»Jetzt sind sie wieder zuhause«, sagen die beiden Rettungssanitäterinnen zu Agnes und wuchten die alte Dame auf ihrer Bahre die Stufen hoch durch die Pforte in ihr Paradies. So wirkt es jedenfalls. Die zierliche Agnes, wundgescheuert vom Altsein, strahlt, als sie mit ihrem gebrochenen Oberschenkelhals wie eine Königin unter den Augen und mit Geleit ihrer Mitbewohner durch den heimischen Flur in ihr Zimmer getragen wird.

Später wird Guido Pusch uns erzählen, dass die Sache mit Agnes natürlich kompliziert werden wird. Eine alte Frau, unbeweglich und dement. Die täglichen Abläufe werden zeitintensiv sein.

»Aber wir werden das hinkriegen«, sagt Pusch.

Und wir beide zweifeln keine Sekunde daran: Auf diese Gemeinschaft ist Verlass.

»Come to me now and rest your head
for just five minutes, everything is good
Such a cozy room, the windows are
illuminated by the Sunshine through them,
fiery gems for you, only for you.«

Crosby, Stills, Nash & Young

Die Kosten in Marienrachdorf übrigens liegen pro Person bei etwa 1100 Euro im Monat; im Fall einer 24-Stunden-Betreuung bei rund 1600 Euro. Die gesetzlichen Krankenkassen gewähren einen Zuschuss von rund 200 Euro.

Unten in der Küche scheppert es. Karl-Heinz ist zurück in seiner Trutzburg. Die Gänse, Keks und die drei Alpaccas sind auf der Wiese und verbringen dort den Tag. Wie immer. Abends wird Karl-Heinz sie wieder abholen und fröhlich mit ihnen durchs Dorf zurück zum Hof spazieren. Übrigens ist er in dieser Rolle Agnes nachgefolgt. Seit nicht nur ihre Vergangenheit, sondern auch ihre Gegenwart erloschen ist, kann sie nicht mehr alleine raus, geschweige denn Keks, Alpaccas und die Gänse an den richtigen Ort bringen. Das übernimmt nun Karl-Heinz.

In der Küche macht sich der 94jährige jetzt breit. Er will einen Hefezopf backen. Für 21 Bewohner. Willi steht neben ihm. Er starrt auf das, was Karl-Heinz tut. Und dann wieder in die Luft. Willi ist schwer dement. Er weiß kaum noch etwas. Er kennt sich selbst nicht mehr, und seine Geschichte schon gar nicht. Doch er ist gern dort, wo etwas passiert.

Neulich fuhr Guido Pusch in den Wald, um Holz zu hacken fürs Feuer am Hof. Willi nahm er mit. Im Wald zeigte Guido Pusch dem alten Mann, wie man Hölzer spaltet. Und Willi, der nicht mehr weiß, wie man zur Toilette geht, machte es Guido nach, hackte Holz und freute sich. Vielleicht ist das die große Kunst des 46jährigen Landwirts. Er schafft mit seiner Art einen Raum, in dem jeder seinen Platz findet, seine Talente mitbringen und anwenden darf. Jeder ist gleich und jeder spielt noch eine Rolle im Leben, gestaltet mit und ist nicht nur Beobachter, wie so viele im Alter. Wer etwas gut oder überhaupt noch kann, darf und soll es tun. Hier verschwindet niemand. Keiner verblasst. Niemand soll seine Rolle nur noch an den Rändern der Geschichte spielen. Was übrig ist von ihren Leben, ihrem Können, ihren Neigungen, was diese Menschen einst ausgemacht hat, wird hervorgekramt und zählt. Und das Schöne ist: Hier blüht es wieder auf.

Karl-Heinz, einstiger Koch der GSG-9-Helden, zeigt also Willi nun, wie man Hefeteig knetet. Er nimmt Willis Hand und führt sie zum Teig. Willi schaut, als wisse er nicht so recht, aber er lässt es geschehen.

Guido, der gefühlt überall ist, kommt gerade aus dem Stall, wo er die Kühe gefüttert hat, die er jeden Morgen mit den Bewohnern, die noch fit sind, melkt. Er beobachtet, wie Karl-Heinz und Willi zusammen wirken, und grinst. Das ist es, was Guido in jener gedankenvollen Nacht vorgeschwebt hatte. Synergien schaffen, alte Menschen wirklich sehen. Persönlichkeiten, die sich ergänzen, Talente, die ineinandergreifen. Menschen aus unterschiedlichen Welten, die mit Tieren und in Eintracht mit der Natur gemeinsam leben möchten. Hier riecht es nicht nach Desinfektionsmitteln, nichts ist künstlich. Hier riecht es nach Leben, nach frischem Brot, nach Geborgenheit. Und die Altenpfleger stehen Schlange bei Guido Pusch, um hier arbeiten zu dürfen. Und niemand – man kann es gar nicht oft genug betonen, weil es so wichtig ist – niemand bleibt außen vor.

Ausgrenzung ist ein Thema, das sich für sehr viele über ein ganzes Leben streckt. Die Angst, nicht oder nicht ausreichend gesehen oder gar ignoriert zu werden. Nicht zu genügen, ewig zu strampeln, um Anerkennung zu erhalten. Von Eltern, Freunden, Partnern, von Arbeitgebern. Das geht ja schon in der Schule los. Wir beide beispielsweise fielen schon immer optisch aus der Reihe. Die eine riesig groß, die andere winzig klein. Das genügt ja schon manchmal, um nicht dazuzugehören. Im Freibad lief eine von uns in froschgrüner Frotteehose aus der Metro umher, obenherum nackt und flach wie ein Brett, als ihre Mitschülerinnen bereits großbusig im Bikini schwammen und längst menstruierten. In der Frotteehose, auf der auch noch ein Männchen mit Luftballon prankte, konnte man da bei wirklich niemandem punkten. Die andere von uns wiederum hatte den riesigen Busen schon längst, als alle übrigen noch in orangenen Ringel-T-Shirts antanzten. Das ging genauso wenig. Die tolle Clique, zu der alle drängten, blieb für uns beide fern. Erst viel später erkannten wir, dass die Tollen in Wahrheit gar nicht die Tollen waren. Und die Dicke mit der Brille viel origineller, lustiger und warmherziger war. Und noch viel später waren wir Mitbegründer der Gruppe, die zu uns passte. Und dann auch endlich glücklich. Aber da war unser Horizont auch erheblich weitergefächert und unser Selbstbewusstsein enorm gewachsen.

Überhaupt kämpfen die meisten von uns mit vielen Facetten der Angst: Angst vor Veränderung und vor Stillstand; vor Einsamkeit und Bindung; vor Risiken und Langeweile; Angst vor der eigenen Courage und möglicher Enttäuschung; vor Krebs und Gehirnblutungen; vor mangelnder Kraft, eine Trennung zu überleben; Angst davor, dass das Leben so kurz ist und im Alter immer noch kürzer wird und der Tod bedrohlich näherrückt. Aber irgendwann will man keine Angst mehr haben. Nicht vor dem Leben, nicht vor dem Alter, nicht vor dem übermächtigen Tod.

Die Bewohner des Pflegebauernhofs in Marienrachdorf mögen vieles haben. Aber Angst haben sie nicht.

Erkenntnisse des Tages

★ *Die Schätze, nach denen wir suchen, sind in uns selbst zu finden oder kreisen längst um uns.*

★ *Hefeteig braucht eine geschickte Hand.*

Wir sitzen ein letztes Mal in der guten Stube, und Guido Pusch erzählt uns von seinen Visionen, davon, dass er etwas verändern möchte in der Gesellschaft. Er lächelt, steht auf und zündet den Ofen an. Es riecht nach Holz und Feuer und frischem Teig. Warmer Dampf schwelt unten aus dem Stall nach oben, und der Duft der prallen Blumen strömt von draußen in die Stube. Wir blicken noch einmal aus dem Fenster. Im großzügigen Hof unter freiem Himmel stehen viele Stühle, mittendrin eine offene Feuerstelle. Geranien baumeln an den Fensterbänken. Frische Kräuter wuchern in dicken Tontöpfen. Alles ist gepflegt. Eine Bewohnerin sitzt auf einer Bank und streichelt lächelnd eine Katze, die in ihrem Schoss genügsam schnurrt. Dieser Hof ist wahrlich keine Kulisse. Er ist eine Heimat. Für alle.

Nach-
gefragt
bei ...

– GUIDO –

46 Jahre, gelernter Maschinenbaumeister,
verheiratet, 2 Kinder
Ihm gehören 2000 Quadratmeter Gelände
des landwirtschaftlichen Betriebs mitten im Dorf.

Wie kam es zu der Idee, hier auf diesem Hof einen Pflegebauernhof aufzubauen?

Das Haus ist 250 Jahre alt, voller Geschichte und auf diese Art wertvoll für mich. Tatendrang hatte ich schon immer. In den Umbau habe ich viel Geld und Herzblut gesteckt und selbst angepackt. In erster Linie ging es mir darum, neuen Wohnraum zu schaffen, die Idee von einer Senioren-WG kam erst nach und nach. Nur dass ich etwas Soziales auf-bauen wollte, etwas für Menschen mit einer Behinderung oder Pflegebedürftigkeit, wusste ich schon immer. Außer-dem hatte ich im Hinterkopf, dass meine Familie und ich einen Ort brauchen, wo es im Notfall Betreuung und Hilfe gibt. Mein Vater hat beim Ausbau geholfen, und das hat unsere Beziehung inniger gemacht. So kam eins zum anderen – erst haben wir das Wohnhaus, dann die Scheune umgebaut. Da, wo früher Stroh und Heu lagerten, sind Apartments entstanden. Schließlich ist später auch mein Vater, als er Krebs bekam, in ein Zimmer gezogen und konnte so bis zu seinem Tod im Haus und der Gemeinschaft bleiben. Darüber waren wir glücklich, und so war dieser Umbau am Ende auch eine Fügung.

Dann geht dieses Miteinander von Familie und Beruf hier noch weiter?

Tatsächlich ist hier alles und sind auch wir als Familie eng miteinander verwoben. Meine Mutter arbeitet im Pflegedienst. Neben einer 24-Stunden-Betreuung, die wir aufgebaut haben, gibt es zusätzlich auch einen ambulanten Pflegedienst, der ins Haus kommt.

Als meine Frau und ich uns kennenlernten und sie nach meinen Träumen fragte, war meine Antwort klar: Ich wollte Landwirt sein. Weil ich davon aber nicht leben konnte, habe ich mit Maschinenbau Geld verdient, nur im Nebenerwerb bin ich Landwirt. Meine Frau arbeitet als Sozialversicherungsangestellte bei der Krankenkasse und musste sich mit der Landwirtschaft erst anfreunden, denn auf einem Hof gibt es rund um die Uhr etwas zu tun. Dann hatte ich die Idee, drei Alpaccas zu kaufen, damit hatte ich meine Frau im Boot. Sie liebt die Tiere und das Futter, das Heu brauchen die Tiere schließlich. So ging die Rechnung auf. Unsere 15jährige

Tochter möchte auch in der Pflege arbeiten, der 18jährige lernt Elektriker, und auch er mag die Landwirtschaft und ist für Immobilien und Maschinen zu begeistern. So haben wir den Kindern etwas vorgelebt, und nun möchten auch sie hierbleiben und mitmachen.

Welchen Einfluss hat dieses enge Miteinander von Familie von älteren oder auch kranken Bewohnern?

Meine Kinder haben hier mit den alten Mitbewohnern wertvolle Erfahrungen gemacht: Unermüdlich haben so manche Bewohner mit ihnen Lesen geübt, und das gute Gefühl der Nähe und Fürsorge haben sie nicht vergessen. Das Miteinander von Alt und Jung – davon profitieren alle. Auch sind Tod und Abschied für sie etwas Natürliches, ohne Angst und Scheu können sie diesen Themen begegnen. Insofern ist diese Wohnmodell hier für uns alle auch privat eine tolle Erfahrung und bereichert uns jeden Tag. Anteilnahme ist für uns ein Leitfaden des täglichen Lebens.

Und wen nehmen Sie hier auf dem Pflege-bauernhof auf?

Die Menschen hier kommen aus ganz Deutschland. Zunächst treffen wir uns, reden und spüren dann meist, ob die Person hier gut hineinpasst. Die Gemeinschaft hat ein gutes Gefühl dafür, und auch ein großes Maß an Verständnis und Toleranz. Am Ende entscheidet der Bewohnerrat, wer neu einziehen kann. Es hängt natürlich auch davon ab, wo gerade etwas frei ist. Im Haupthaus lebt eine WG mit einer

Pflege-Betreuung – das funktioniert sehr gut. So haben wir hier ja angefangen. Aber auch immer mehr gesunde, fitte Menschen suchen ein neues Zuhause. Menschen, die auf einmal in der Rente einsam sind, deren Partner vielleicht gestorben ist, oder solche, die keine Freunde hatten – nur Berufskollegen. Menschen, die nicht so richtig wissen wohin, oder wie es weiter gehen soll. Oft sind es Großstädter. Wir haben auch eine selbstorganisierte WG im Nebenhaus: Diese noch sehr fitten Menschen unterstützen die leicht oder stärker Pflegebedürftigen. So helfen wir uns alle untereinander.

Welchen Vorteil hat die Durchmischung von Bewohnern, die auf Hilfe angwiesen sind, und solchen, die gesund sind?

Die Kommunikation im Haus läuft viel besser! Keiner, auch keiner der rund um die Uhr gepflegt wird, ist abhängig und nur fokussiert auf das Pflegepersonal. Jeder schaut mal bei den sehr Kranken vorbei und sieht nach, wie es so geht.

Auf welchen Werten fußt ihr Lebenskonzept hier? Was treibt Sie an?

Ein selbstbestimmtes Leben ist mir besonders wichtig, und jeder, der hier wohnt, sollte soweit möglich seinen Lebensstil, seinen Weg gehen dürfen.

Die Kombination von Heim und Bauernhof, dieses Modell, ist etwas ganz Neues. Es kann Vorbild sein, denn ich merke ja jeden Tag, wie sehr die Bewohner davon profitieren.

Altenpflege muss nicht teuer sein, wenn alle sich gegenseitig stützen. Von einem Geben und Nehmen untereinander profitieren alle: Finanziell und vor allem emotional! Das Säen und Ernten ist hier auf allen Ebenen etwas Natürliches. Die Atmosphäre hier auf dem Hof, das Kommen und Gehen von Arbeit und Leben ist beglückend.

Ich habe erlebt, dass Menschen auf einmal, von heute auf morgen, in ein Heim müssen. Das möchte ich für mich und die meinen nicht. Und dieses Modell hier bewährt sich. Es gibt hier ein großes Potenzial, auch für die alten Menschen. Ich kann ihnen hier Glücksmomente geben, sie werden gebraucht, bei den Tieren und im Alltag. Auch wer nicht mehr alleine ins Bett findet, der kann vielleicht immer noch mit den Gänsen auf die Wiese gehen oder einen perfekten Pflaumenkuchen backen. Die Kraft der Landschaft, sie berührt die Menschen. Die Natur weckt schlafendes Potenzial in jedem, das habe ich erlebt.

Deshalb möchte ich mit diesem Pflegekonzept die Gesellschaft ein Stück weit verändern.

Kleiner Nachtrag:

Wer Weihnachten Lust hat, etwas kurios Schönes zu sehen, der sollte sich die Lebend-Krippe in Marienrachdorf anschauen. Willi, Karl-Heinz und Jürgen spielen die drei Heiligen Könige, Keks und die drei Alpaccas die Esel. Die anderen Rollen sind noch nicht verteilt.

Wir hoffen, dass Agnes sich bis dahin von ihrem Oberschenkelhalsbruch erholt hat.

Und was denken wir?

- **Barbara:**
  Pro: Tiere fordern Fürsorge und strukturieren den Tag.
  Contra: Zu viele Fliegen, zu viel Abstellgleis.
- **Christiane:**
  Pro: Das Unterbewusstsein ist noch wach, auch wenn Körper und Geist nicht mehr mitmachen. Da geht also noch etwas, wenn die Umgebung und die Gemeinschaft die richtigen Knöpfe drücken.
  Contra: Das Leben auf einem Hof mit den Tieren weitab von allem ist ein harter Bruch für eine Großstadtfrau wie mich!

BAUERNHOF-WG

Alternative zu Pflegeheimen sind *betreutes Wohnen* oder Wohngemeinschaften. Allerdings fehlen hier, anders als in Heimen, Qualitätssicherungsverfahren. *Ambulante Pflege* nimmt zu, die Zahl der Pflegebedürftigen insgesamt nimmt stark zu.[5]

In betreutem Wohnen und Wohngemeinschaften lebten 2018 *181.000 Pflegebedürftige,* 150.000 davon in betreutem Wohnen.[6]

2018 gab es in Deutschland

4000 Pflege-Wohngemeinschaften –

jede dritte davon ist in

den letzten zehn Jahren

entstanden.[7]

Das Tier gibt dem älteren Menschen das Gefühl,

gebraucht zu werden.

Tiere sind gute Zuhörer, sie haben immer

Zeit – und werden nicht ungeduldig, wenn sie dieselben

Geschichten immer wieder hören.[8]

Tiere bringen **Dynamik in
den Alltag** und zwingen zu

einem bestimmten

Tagesrhythmus.[9]

− LIESL −

83 Jahre, 4 Kinder, 11 Enkel, Forstwirtin und
Professorin für Forstwirtschaft

**Wie würden Sie Ihr Leben im Alter/Älterwerden
beschreiben?**

Sehr interessant und spannend. Ich kann all das tun, was
ich möchte, habe zurzeit keine explizite Verantwortung für
jemanden in der Familie und kann dadurch nach meinen
Interessen leben.

Was läuft gut?

Eigentlich alles. Ich bin halbwegs gesund, kann gehen und
daher auch Reisen machen, an wissenschaftlichen Projekten
mitarbeiten. Ich wohne in einer schönen Gegend und kann,
wenn ich es möchte, Kultur genießen. Und das regelmäßige

ausreichende Einkommen (Rente) ist auch sehr angenehm, da ich selbstständig war, war das früher nicht so, und es gab viele Unsicherheiten.

Was könnte besser laufen?

Mein Alter betrachtend eigentlich gar nichts. Ich bin zufrieden.

Hatten Sie Befürchtungen im Hinblick aufs Älterwerden, die unbegründet waren? Welche?

Ich hatte eigentlich keine Befürchtungen, weil man ja ohnehin nie weiß, was kommt, und einen auch Schicksalsschläge bzw. Krankheiten treffen können, wenn man noch jung ist.

Was ist das Schöne, das Privileg des Alters?

Die Selbstbestimmung (solange man noch gesund ist) ist eines der höchsten Güter. Der Schatz der Lebenserfahrung begleitet und unterstützt mich.

Was macht Sie heute glücklich?

Zu sehen, wie meine Kinder und Enkel das Leben meistern und es positiv in die Hand nehmen, ihre Lebensfreude, ihr Können, ihre Zuneigung und Liebe. Wenn die nachfolgenden Generationen glücklich sind, macht mich das froh und zufrieden.

**Was macht Ihre Beziehung/Ehe – falls
vorhanden – heute leichter oder schwieriger?**

Mein Mann ist vor 20 Jahren gestorben. Manchmal würde
ich gerne wissen wollen, wie unser Zusammensein, das in
den letzten Jahren vor seinem Tod sehr schwierig war, im
Alter verlaufen wäre, ob sich unsere Ehe vielleicht wieder
harmonischer entwickelt hätte?

**Welche Rolle spielt Einsamkeit in Ihrem Leben,
im Älterwerden?**

Keine besonders große, denn ich bin Teil einer großen Familie und wir sind gerne zusammen. Wenn allerdings, so
wie in der jetzigen Phase, viele Freunde vom Tod hinwegge-
rafft werden, bleibt da eine immer größere Lücke. Das macht
mich traurig und vielleicht auch einsam, wenn ich nicht of-
fensiv dagegen angehe.

**Wie gestalten sich Leben und Ihr Alltag
als Rentnerin und inwieweit deckt sich das mit den
Vorstellungen, die Sie im Vorfeld hatten?**

Ich habe mir zuvor keine Gedanken darüber gemacht. Mein
Leben, nachdem ich in Pension gegangen bin, ist für mich
einfach der dritte Lebensabschnitt. Er ist jetzt ausgefüllt
mit wissenschaftlicher Forschung, neuen beruflichen Herausforderungen, wie zum Beispiel einer Lehrtätigkeit an
der Universität. Manchmal denke ich, ich tue zu viel und
hätte gerne mehr Zeit für mich. Aber es gibt so viel Span-

nendes, dass diese Gedanken schnell wieder in den Hintergrund treten.

Was kam anders als geplant?

Der frühe Tod meines Mannes (mit 61 Jahren) und einer meiner Schwiegersöhne vor einem Jahr waren eine unerwartete Zensur.

Was erfüllt Ihr Leben als Rentnerin besonders?

Neben der Wissenschaft, Reisen, Lesen und mich in der Natur aufhalten, liebe ich es, mich fortzubilden und mit meinen Kindern, Enkeln und Schwestern zusammen zu sein.

Was ist daran schöner als erwartet?

Nicht gedacht hätte ich, dass die genannten Personen auch gerne mit mir zusammen sind.

Was ist daran schwieriger als gedacht?

Eigentlich nichts.

Wenn Sie heute nochmal Mitte 50 wären – was würden Sie anders machen/vorbereiten im Hinblick aufs Älterwerden?

Mit Mitte 50 hatte ich gar keine Zeit, an so etwas zu denken. Es war mir auch nicht wichtig. Und rückblickend be-

trachtet, hat das so gepasst. Ich hätte nichts anders gemacht.

**Was würden Sie heute Jüngeren als Rat mit auf den Weg
ins Älterwerden geben?**

Genießt jede Phase in eurem Leben, jede hat etwas Schönes
zu bieten, aber sagt nicht, wenn ich in Pension bin, werde
ich das und das machen! Denn man weiß nie, was kommt.
Und nehmt jede Herausforderung an, die sich euch bietet, es
lohnt sich auch im Alter, Neues zu beginnen.

Nach-
gefragt
bei...

– WERNER –

*73 Jahre, 2 Töchter,
4 Enkel, ehemaliger Fluglotse*

**Wie würden Sie Ihr Lebensgefühl im Alter
beschreiben?**

Entspannt und zufrieden, dass ich das Leben in einem schönen Umfeld, was sowohl die Familie als auch die Gegend betrifft, genießen kann.

**Was gefällt Ihnen besonders in dieser Phase,
was ist das Privileg des Alters?**

Dass man keine Verpflichtungen mehr hat und das Leben sehr selbstbestimmt gestalten kann.

Was missfällt Ihnen?

Dass viele Menschen als primäres Ziel das Streben nach immer mehr steuert, um ihr Selbstwertgefühl auszudrücken. Soziale Kompetenz gerät dabei ins Hintertreffen.

Was macht Sie heute glücklich?

Dass ich in einer Partnerschaft (Ehe) lebe, die für beide Seiten (hoffe ich) erfüllend ist und dass ich auf ein sehr zufriedenstellendes Leben zurückblicken kann, was Familie, Beruf und Erlebnisse betrifft.

Was macht Ihre Beziehung/Ehe heute anders, also schwieriger oder leichter als früher?

Die Beziehung ist im Lauf der Zeit entspannter geworden, weil wir uns weiterentwickelt und erkannt haben, dass gegenseitige Wertschätzung, Toleranz und Kommunikation ein wichtiger Bestandteil des Zusammenlebens sind. Wir sind in den Jahren zusammengewachsen und wissen oft auch ohne Worte, was der Partner will, oder denkt.

Welche Rolle spielt Einsamkeit in Ihrem Leben?

Mit Einsamkeit bin ich nie konfrontiert worden, da die Familien der beiden Töchter mit Enkelkindern in der nächsten Nachbarschaft wohnen. Ein größerer Freundeskreis trägt auch dazu bei, sodass die sozialen Kontakte keine Wünsche offen lassen.

Was ist aus Ihrer Sicht und Ihrer Lebenserfahrung heraus generell wichtig für ein gelungenes und erfülltes Leben?

Ein harmonisches Ehe- und Familienleben, gute soziale Kontakte, einen Beruf, der einem Spaß macht. Zusätzlich braucht man eine gute Portion Gelassenheit und eine tolerante, liberale Einstellung.

Wie gestaltet sich Ihr Alltag als Rentner und inwieweit deckt sich das mit den Vorstellungen, die Sie im Vorfeld hatten? Was ist schöner, was schwieriger als erwartet?

Mein Leben wird seit acht Jahren geprägt durch eine immanente Systemkrankheit, mit der ich mich zwar arrangiert habe, aber die ich nur mit sich immer wiederholendem Aufwand im Griff halten kann. Ich mache die Krankheit aber nicht zum Mittelpunkt meines Lebens, denn die Lebensqualität ist gut genug, um das Leben zu genießen. Es gibt nichts zu jammern. Selbst wenn ich im Vorfeld andere Vorstellungen hatte, muss man diese an die auftretenden Änderungen anpassen.

Gibt es einen Plan, wenn Sie nun doch krank werden? Haben Sie heute schon konkrete Pläne für diese Lebensphase?

Krank bin ich ja bereits, aber noch absolut selbständig und unabhängig. Sollte ich pflegebedürftig werden, würde ich erst meine Frau und Töchter (die ganz in der Nähe leben) um Unterstützung bitten. Sollten diese dadurch überfordert werden, spricht nichts dagegen, mich in einem Pflegeheim versorgen zu lassen.

Was würden Sie heute Jüngeren als Rat mit auf den Weg ins Älterwerden geben?

Das Leben genießen, solange man es genießen kann. Das Altern akzeptieren, man wächst da wunderbar hinein, und es tut gar nicht weh. Soziale Kontakte pflegen und mit den Mitmenschen in Frieden leben. Persönlich habe ich immer ein kulturelles Interesse gepflegt, habe in vielen Ländern meinen Horizont erweitert und habe viel Zeit in und auf den Bergen verbracht. Achten sie schon in frühen Jahren auf gute Ernährung und Gesundheit!

Was bedauern Sie rückblickend?

Eigentlich nur, dass ich gelegentlich etwas zu impulsiv und ungeduldig war.

Worauf sind Sie stolz?

Dass ich nach dem Tod meiner ersten Frau ein zweites Mal die richtige Partnerin gefunden habe, mit der ich für immer zusammen bleiben will. Dass ich für meine Kinder und Familie die Grundlage für ein sorgenfreies Leben geschaffen habe.

SELBSTVERSUCH CAMPINGPLATZ

Es regnet. Nein, es schüttet. Wir gehen zum ersten Mal campen. Und dann das. Am Horizont türmen sich tiefschwarze Wolken auf. Wir denken beide skeptisch an unser provisorisches armeegrünes Minizelt, sagen aber nichts. Beschwingt und positiv wollen wir uns in diesen Selbstversuch stürzen. Immerhin stellt für so manchen Deutschen der Campingplatz einen respektablen Alterswohnsitz dar. Die Schar derer, die in der Rente auf Campingplätzen ihr Lebenszelt aufschlagen, wächst. Sie wohnen Seite an Seite mit ebenfalls alt und älter gewordenen Mitstreitern. Dazwischen ein kleiner Zaun, nicht zu hoch, da die Symmetrien ihrer Geschichten und biografischen Brüche am Ende ihres Berufslebens nicht nur bestechend verbindend, sondern vor allem tröstlich sind. Nachbarn. Verschworene. Brüder und Schwestern im Geiste. Ihr Leben ist in die Jahre gekommen und in ihrem letzten Drittel landen sie aus unterschiedlichen Gründen auf einer froschgrünen geordneten Wiese in der Peripherie einer Metropole.

Finden wir hier zwischen Gartenzwergen und Kugelgrillen unsere Zukunft? Wir sind total gespannt, welche Geschichten und Lebensentwürfe uns hier begegnen werden. So viel sei schon jetzt verraten: Unsere Besuche auf den Campingplätzen erteilen uns eine deftige Lektion fürs Leben.

Wir beschließen an diesem regnerischen Tag, das Zelt später aufzubauen. Tropfen prasseln bedenklich schwer ins Gras, auf dem wir nächtigen werden. Wir setzen uns auf die feuchte Holzbank, spannen den Schirm auf und schauen uns ratlos um. Überall stehen eierschalfarbene Wohnwägen mit robusten Vorzelten, Campingbusse, bunte Mobilheime mit kleinen Gärtchen vor der Nase und ein paar kümmerliche Minizelte wie unseres. In der Mitte von all dem: ein kreisrunder Teich. »Unsere Erholungsoase«, hatte der Platzwart bei unserer Ankunft geschwärmt und mit Pathos auf den Tümpel gezeigt, aus dem uns jetzt übernatürlich große Kois anstarren. Wahrscheinlich leben diese Riesenviecher seit tausenden Jahren dort, denken wir.

Nur wenige Menschen tummeln sich bei diesem Wetter draußen auf dem Platz. Ein Rentnerpärchen verkrümelt sich unter ihr Vorzelt und raucht schweigend eine Zigarette. Jemand parkt ein Auto vor einem Mobilheim. Gartenzwerge stehen in fein drapierten Arrangements im Regen. Marmorne Engel und hölzerne Hirsche unter gestreiften Markisen am Gartentor. Von Weitem hören wir Gelächter. Ein Mann schiebt seinen Kugelgrill unter das Vordach. Die Riesen-Kois bleiben unter Wasser und ziehen leise ihre Bahnen.

Was ist das hier? Ein beklemmendes Stillleben, das Heimat verkörpern soll? Ein Zuhause? Ein gemütlicher Alterswohnsitz? Aufgehübscht mit den Möglichkeiten, die zur Verfügung stehen? Ein selbstgebastelter Unterschlupf für alte Zottel?

Reglos sitzen wir auf der Bank und denken an den Ort, der unsere Eltern ins Alter begleitet hat. Und der auch für uns und unsere Kinder bis zum Schluss ein sicherer Hafen geblieben war. Ein verlässlicher Zufluchtsort mit ausreichendem Raum für Kinder und Enkel, für Erinnerung, Wehmut, für Lebensdramen und Zukunftspläne, für Glück und Hoffnung. Das berühmte Reihenhäuschen am Rande der Stadt. Flachdachbungalow hieß das großspurig damals in den Siebzigern. Wir haben es geliebt. Alles daran war groß und monumental und so modern. Jedenfalls sahen unsere Kinderaugen es so. Der eigentlich kleine Garten, der jedes Haus bestückte, war damals eine unendliche Welt. Hinter jeden Baum phantasierten wir Abenteuer. Jede Graskerbe wurde zum Tor in eine dramatische Unterwelt. Hunderte Räder wurden geschlagen, Handstände endlos versucht. Jeder knorrige Ast mutierte zu Skelettüberresten eines tragischen Vorfalls. Unsere Träumerei, unsere Lebenslust quoll über in diesem Garten und war doch immer am Ende auch unsere Komfortzone, umrahmt durch den Zaun, der uns im Zweifel rettete. Dieser Zaun war Schutzpatron unserer frühsten Kindheit. Was drinnen stattfand unsere unendliche Freiheit.

In den Häusern klebten wilde Raufasergeschwader an den Wänden, auf den Badezimmerzimmerkacheln verschmolzen grüne und braune Pflanzenranken in großer Geste. Die Badewanne war altrosa, die Lampen orange und in der Küche über der Spüle reihten sich neben Schöpfkelle und Brotmesser Pril-Blumen aneinander. Ein Siebzigerjahre-Inferno, würde man heute wohl meinen. Aber wir liebten es. Später, als wir längst eigenständig lebten, veränderte sich alles, nur unser Zuhause nicht. Unsere Eltern blieben dort. Denn über die Jahrzehnte hatten sie ihre Häuser abbezahlt, eine Alternative war unvorstellbar. Die Spuren unserer Kindheit führten automatisch ins Altwerden unserer Eltern. Der Übergang verlief fließend, es war der natürliche Lauf der Dinge: Man wurde dort alt, wo man immer schon gelebt hatte.

Die Kinderzimmer waren irgendwann in provisorische Näh- oder Bügelräume umfunktioniert worden. Alte, zerfetzte Tagebücher fanden wir dennoch später in Bücherregalecken, die dem Stillstand überlassen worden waren, genauso wie die angeranzten Cat-Stevens-Poster. Geheime Schmuckschatullen lagen noch in irgendwelchen Schubladen, die niemand leeren wollte. Die Tischtennisplatte, die uns über viele Jahre zu ausgiebigen Rundlaufturnieren gedient hatte, war später zusammengeklappt mit den Tannen verwachsen. So wie sich unsere Kindheitsspuren mit der Alterslinien unserer Eltern verwoben. An ein und demselben Ort.

Als wir später das Haus verkaufen mussten, standen wir im Garten und erinnerten uns an all das. Vor uns stemmten sich die Wurzeln der alten Tannen von unten gegen die Terrassenplatten und wuchteten etliche in die Höhe. Eine unebene Landschaft, mit Kerben und Bruchstellen. Was war das für ein Bild! Diese Wurzeln, die sich einen Weg durch die Erde brachen – das hatte für uns damals Symbolkraft. Was hier vergangen war, ausgelebt, kam irgendwo wieder.

Die Zeit übernimmt das Regime, die Welt dreht sich weiter. Und wir wollen in einen schönen, unabhängigen, freien Horizont schauen, den wir Älterwerden nennen.

Der Regen lässt nach. Wir verlassen unsere Bank mit feuchten Hintern und schlendern über den Campingplatz. »Hier leben auch etliche Berufspendler«, hatte uns der fröhliche Campingwart erzählt. »Menschen, die sich die Miete in der Stadt nicht mehr leisten können.« Hier werden sie geduldet. Wo kein Richter, da kein Kläger. Es gibt inzwischen aber auch etliche Campingplätze, die eine offizielle ›Erste-Wohnsitz-Genehmigung‹ erteilen dürfen. Da wird man dann juristisch sauber und einwandfrei alt.

An der Ecke einer der vielen kleinen Wege, die Lilienallee oder Lavendelstraße heißen, treffen wir eine junge Frau, die gerade Wäsche aufhängt. Im Winter lebt sie mit ihrem Mann und den beiden kleinen Kindern in Oberbayern in einer kleinen Mietwohnung. Den Sommer verbringen sie hier. Auf dem Campingplatz. »Hier genießen wir es, immer draußen zu sein. Die Kinder kennen den Platz in und auswendig und können sich frei bewegen. Das ist toll«, schwärmt die Mutter. Sie bewohnen ein festes Mobilheim, aus Holz, kunterbunt bemalt. Fast erwartet man, Pipi Langstrumpf würde gleich aus der Türe treten. Da steht ein eigener Herd in der Küche, ein Kühlschrank, und ein Minibad gibt es auch. Strom, Wasser. Alles da. Allerdings nutzt die Familie lieber die frisch renovierte Sanitäranlage ein paar Wege weiter. Die junge Frau lächelt, als sie uns von ihrem kostengünstigen Sommerdomizil erzählt. Etwa 300 Euro pro Monat zahlt die Familie hier. »Dafür können Sie nirgendwo mieten«, erklärt sie. Und die Wäsche flattert so fröhlich im Wind, wie ihre Stimmung auf uns strahlt.

Wir spazieren zu den frisch renovierten Sanitätsräumen. Ein weitläufiges Areal. Mit modernen Duschkabinen, Toiletten und Waschbecken. Eine ältere Dame faltet gerade ihre Wäsche und möchte dabei nicht gestört werden. Auch gut. Wir schauen uns um. Alles ist sauber. Es riecht nach Putzmittel. Aber würden wir uns hier gerne täglich aufhalten? Wohl eher nicht.

Vor der Gastwirtschaft des Campingplatzes steht ein Schild. »15 Uhr: Kaffee und frischer Kuchen.« Es regnet wieder stärker. Wir setzen uns unter das Dach im Biergarten und gucken mal wieder auf den Teich. Hin und wieder ragt ein roter Koi-Kopf kurz aus dem Wasser. Wir fragen uns, ob dieses Altersmodell nicht eigentlich der Gipfel der Tristesse ist.

Es gibt Eierlikörtorte und Apfelstreusel. »Selbstgebacken«, sagt die Frau hinter dem Tresen stolz. Und er schmeckt tatsächlich köstlich. Um 15.01 Uhr strömen immer mehr Menschen aus ihren Campingbussen, Wohnwagen und Mobilheimen hierher. 15 Uhr scheint eine wichtige Zäsur im Tagesablauf der Bewohner zu sein. Viele Rentner sitzen vor ihren Torten und Kaffeetassen, grüßen uns freundlich und hauen rein.

Erkenntnisse des Tages

- ★ *Struktur tut dem Alter offensichtlich gut.*
- ★ *Torte auch.*

Eine Freundin pflegt uns immer aufs Neue zu predigen: »Im Alter wiederholt sich alles sowieso nur noch. Lauter Endlosschleifen, die wir alle schon kennen. Immer wiederkehrende Rituale.« Aber ist das wirklich so? Ja, wir haben geküsst, geliebt, verabschiedet. Hoffnung verloren und Neue geschöpft. Wir waren verzweifelt, beglückt und sorgenfrei. Wir sind gereist, haben geheiratet, Kinder geboren und ins Leben entlassen. Wir haben Joints geraucht, Konzerte besucht, sind in den Sonnenaufgang geschwommen. Wieder und wieder.

Aber erleben wir Situationen im Alter nicht ganz anders? Wer heute liebt, liebt anders, oder? Sitzen wir heute am Strand und sehen die Sonne im Meer untergehen, dann fühlen wir diesen Moment doch in diesem Augenblick. Und ist der weniger magisch? Auf keinen Fall! Wenn wir »Go your own way« von Fleetwood Mac heute im Auto aufdrehen, hören wir den Song doch mit anderen Ohren als früher. Und dennoch haut er uns wieder um, oder?

Viele Gedanken durchkreuzen und begleiten unseren Besuch hier auf dem Campingplatz. Erinnerungen an die Kindheit, Bilder aus der Gegenwart und Visionen für die Zukunft. Auch so etwas wie Wehmut über das Leben selbst. Diese kleinen Reisen, die unsere mögliche Alters-Zukunft für dieses Buch ausleuchten sollen, sind eben auch Reisen in unsere Vergangenheit.

»You can go your own way, Go your own way.
You can call it another lonely day.
Go your own way. (…)
If I could Baby, I'd give you my world.
Open up. Everything's waiting for you.«

Fleetwood Mac

Die dunklen Wolken haben sich für eine Weile verzogen. Der Biergarten ist voll, der Stammtisch gut besucht von älteren Herren, die vom Milchkaffee nun auf Weißbier übergehen. Wir beschließen, unser Zelt aufzubauen. Die Wettervorhersage für die Nacht ist grauenvoll. Dauerregen. Neben uns platziert sich ein Pärchen aus Korea mit seinem Motorrad. Während wir die Gebrauchsanweisung für den Zeltaufbau noch studieren, thront neben uns blitzschnell ein perfekt aufgebautes quietschrotes Zelt. Die Koreaner stellen ihre Rucksäcke akkurat unter die Vorplane, die Schuhe daneben. Isomatten und Schlafsäcke liegen bereits einladend parat. Zu diesem Zeitpunkt haben wir noch nicht einen einzigen Hering in die klatschnasse Wiese gehauen. Die Gebrauchsanweisung taugt nichts, also machen wir es nach Gefühl. Nach etwa dreißg Minuten und leicht angespannten Diskussionen steht unser armeegrünes Zelt windschief im Regen. Die Koreaner lächeln mitleidig herüber. Egal. Das muss reichen.

Eine Stunde später sitzen wir wieder in der Gaststätte. Der Tag wird hier in Scheiben geschnitten. 18 Uhr ist offensichtlich die nächste Zäsur. Da beginnt das Abendessen für alle, die nicht selber kochen wollen. Wir sind mal wieder die ersten, die Platz nehmen. Diesmal innen. In einer rustikalen bayerischen Wirtschaft mit Holzbänken und Tischen. Es gibt wahlweise Wollwürste, Schnitzel, Rahmgulasch oder Putengeschnetzeltes nach Zigeuner Art. An der Wand hängen vertrocknete Geweihe von für uns nicht zuzuordnenden Waldgeschöpfen. Daneben ein Spruch, geritzt in eine monumentale Baumrinde. »Bier ist der Beweis, dass Gott uns liebt«, steht da. Wir bestellen umgehend einen Schnaps. Ein ausgestopftes Eichhörnchen thront über unserem Tisch auf einem Podest und glotzt uns an. Die Dame an der Theke, die nicht nur sehr dick, sondern auch so klein ist, dass sie kaum über den Tresen schauen kann, hinkt in die Küche und leckt sich die Finger. Sie trägt eine dauergewellte Frisur wie Karl-Heinz Rummenigge in den Siebzigern. Die Schnitzel sind der Renner an diesem Tag, und wir hoffen, dass der hinkende Zwerg nicht auch die Köchin ist. Unsere Laune sinkt tief. Campingplatz als Alterswohnsitz? Never ever! Das Leben erscheint uns hier eher als schales, marodes Auslaufmodell. Trüb gestimmt sitzen wir an unserem Tisch. Aber: Da sind wir hier die einzigen. Überall füllen sich die Essnischen mit hungrigen Zeitgenossen vom Campingplatz. Nachbarn, Seelenverwandte. Freunde. Man kennt sich hier, grüßt sich herzlich und vertraut. Rituale können den Alltag veröden, aber sie können ihn auch verschönern. Wie hier, in der Wirtschaft, Punkt 18 Uhr.

An unserem Nebentisch sitzt ein älteres Ehepaar. Fröhlich essen sie ihre Schnitzel, die gar nicht schlecht aussehen. Auf ihrem Tisch steht ein Plastik-Karpfen mit einem roten Lolly im Maul. Als Deko. Wer um alles in der Welt denkt sich so etwas aus? Wir nippen an unseren Schnapsgläsern und beginnen über den Sinn des Lebens zu philosophieren. Wer bestimmt, was glücklich zu machen hat? Wie ein gelungenes Altwerden aussieht? Wir sicher nicht. Hier sind alle bestens gelaunt. Nur wir nicht. Da kann, sollte man schon mal ins Grübeln kommen. Sind unsere Ansprüche zu hoch? Zu lebensfern? Zu irre? Sind wir schlichtweg zu arrogant? Hier sitzen ältere bis alte Menschen unter ausgestopften Eichhörnchen und Geweihen und amüsieren sich. Offensichtlich vereint sie eine gemeinsame Heimat, sie stillen hier ihre

Sehnsucht, wahrscheinlich nicht zuletzt auch die nach einem bezahlbaren Zuhause. Es scheint tatsächlich, als sei dies die Welt, die sie im Alter erfüllt und ja, irgendwie glücklich macht. Sie teilen denselben Witz, dieselben Gewohnheiten, dasselbe Leben in schöner Vertrautheit. Und geht es nicht darum im Alter?

Am Nachbartisch berichtet der Ehemann seiner Frau über den letzten Schnitzelkrümeln, dass das Vorzelt nicht mehr ganz wasserdicht ist und erklärt ihr anschaulich seinen Sanierungsplan. Mit einer großen Geste haut er dabei versehentlich den Karpfen um. Die Flosse bricht ab. Der Lolly knickt weg. Die Erschütterung, mit der die beiden die Dekohölle betrachten, verblüfft – und rührt uns. Vielleicht sind wir die einzigen Idioten hier. Ehrlich.

Die Nacht in unserem Zelt wird wie erwartet furchtbar. Der Schnaps pocht gegen unsere Schläfen und der Dauerregen prasselt auf unser Dach, dass offensichtlich auch nicht wasserdicht ist. Wir liegen da, machen kein Auge zu und rühren uns nicht – vor lauter Angst, die gesamte Konstruktion könne bei der kleinsten Bewegung in sich zusammensacken. In dieser Nacht sprechen wir viel über Hoffnung. Und Geld. Und Bandscheibenvorfälle.

Erkenntnisse des Tages

- ★ *Bei Sonne ist Camping bestimmt ganz schön.*
- ★ *Wir sollten Menschen fragender begegnen.*
  Und weniger richtend.
- ★ *Wir müssten vielleicht mal wieder ein Rad schlagen.*
- ★ *Schnaps tut uns nicht gut.*

In Baden-Württemberg liegt ein Platz, auf dem es offiziell erlaubt ist, zu wohnen. Einer der wenigen im Süden Deutschlands. Etwa 120 Menschen leben hier mit erstem Wohnsitz. Neugierig fahren wir hin. Auch dieser Platz liegt irgendwo in der Peripherie, nahe der Autobahn. Im Nirgendwo. Eine Art Zwischenwelt, die vom Älterwerden ins Altsein führt. Über diese Brücke werden auch wir bald marschieren. Hoffentlich fröhlich und trittsicher.

Am Eingang hängen die zahllosen Briefkästen der Campingplatz-Bewohner. Eine kleine Siedlung, diesmal ohne Teich und Riesen-Kois. Und eine Wirtschaft gibt es auch nicht. Nur einen Kiosk mit ein paar Bänken davor. Immerhin.

An diesem Tag scheint tatsächlich die Sonne. Wir bauen unser Zelt auf und haben aus unseren Fehlern gelernt. Nach einer halben Stunde steht das grüne Miniteil straff und formschön auf der Wiese. Ein eifriger Nachbar hatte uns mit einem Hammer zuvorkommend ausgeholfen. Die Heringe sitzen fest im Boden. Als wir Harry den Hammer wiederbringen, kommen wir ins Gespräch.

Der studierte Wirtschaftswissenschaftler lebt hier seit zehn Jahren. Seine 100 Quadratmeter hat er selbst gebaut. Aus Holz, Sperrmüll und allerlei Planen. Sein Wohnzimmer quillt über vor Regalen und Büchern. Aber es sieht auch aus, als habe er resigniert, die Wohnzimmerwände bestehen nur aus graublauen Plastikfolien. Marode Tristesse, denken wir. Brüchig, fragil, einsam. Eine traurige Vorschau auf ein Altsein, wie es niemand will?

»Ich mag es offen«, sagt Harry, als er unsere skeptischen Blicke sieht. Schön sei es nicht, aber er fühle sich hier inzwischen tatsächlich geborgen. Dieses puristische Wohnensemble wurde sein Zuhause, als er seinen Job mit damals Mitte 40 an den Nagel hängen musste. Dort hängen inzwischen allerdings so manche abgelegten Träume, alte Lieben und entrückte Zukunftsvisionen. Sein Weg ins Alter war der Campingplatz. Für ihn hätte es keine andere Alternative gegeben. Harry hat Parkinson. Und nicht viel Geld. Aber er beklagt sich nicht.

»Ich habe mich hier arrangiert, die Nachbarn lassen mich in Ruhe«, erzählt er und betrachtet sein Wohnzimmer, als habe er es über die Jahre wirklich ins Herz geschlossen.

Wir spazieren zum Kiosk, um einen Kaffee zu trinken und grübeln über Harrys Arrangement. Will man das im Alter? Sich arrangieren? Mit ganz wenig zurechtkommen? Träume vergessen? Ruhe haben? Früh ins Bett gehen? Schön essen und fertig? Wo bleiben da die Wagnisse? Die Kurzweil? Wollen und brauchen wir nicht gerade im Älterwerden Anregungen? Kunterbunt statt mittelgrau? Und vor allem: Ansprache?

Über weite Strecken unseres Lebens suchen wir doch die Abenteuer, das Fieber, sehnen uns in brodelnde Welten mit feurigen Menschen, träumen von ungebrochener Liebe, verfluchen das Mittelmaß und lauwarme Zeiten. Als Kinder und Jugendliche träumten wir uns in eine Zukunft, die alles war, nur nicht gewöhnlich. Musik und Filme, die uns seelentief trafen und inspirierten schienen damals alles möglich zu machen. Als ›Hair‹ und später ›Fame‹ in die Kinos kam, tanzten wir in Gedanken bereits funkelnd auf den großen Bühnen der Welt – den Applaus im Ohr, eine freie Zukunft im Herzen, den glühenden Tänzer leidenschaftlich an unserer Seite.

> »I'm gonna live forever.
> I'm gonna learn how to fly.
> I feel it coming together.
> People will see me and cry.
> I'm gonna make it to heaven –
> light up the sky like a flame.
> I'm gonna live forever.
> Baby, remember my name.«

Fame

Wie eine Flamme den Himmel hell erleuchten. Das ist eine schöne Vorstellung, so zu sein. Eine große Bühne brauchen wir dafür nicht. Leben spüren. Herzpochen. Das geht auch leiser, ohne die großen Wagnisse. Groß und laut und schnell beginnen und am Ende tief einatmen und Balance halten? Ist das nicht verkürzt der Lebensbogen, der uns in ein glückliches Älterwerden führt? Mit verlässlichen Beziehungen. Mit lebendigen Freundschaften. Mit Neugier. Und ja, durchaus auch mit einem ordentlichen Mittelmaß. Das haben wir inzwischen verstanden. Der funkelnde Applaus wird nicht mehr gebraucht. Den tragen wir in uns, weil wir unsere Schwächen sehen und darüber schmunzeln. Unsere Stärken und Talente können wir einordnen und unser sogenanntes stinknormales Leben ziemlich herausragend füllen.

Die Glut ist über die Jahre verlässlich gewachsen und findet genug Nahrung. Und vielleicht reichen uns deshalb gerade im Alter ein gutes Buch, leckeres Essen, Freundschaft und ein schönes Nickerchen für einen glücklichen Tag? Wer weiß.

Neulich sahen wir ein Interview mit Jane Fonda, da war sie gerade 80 geworden. Sie schäumte über vor Lebenslust und Energie. Sie war so hoffnungsfroh und positiv. Warum? »Weil mich keine Dramen mehr begleiten in dieser Lebensphase«, sagte sie und strahlte. Das könnte doch auch für uns der große Reiz am Älterwerden sein. Es passt so viel rein in ein Leben! All die Sorgen, der Liebeskummer, schlaflose Nächte, Verluste, beknackte Kollegen, Bauchspeck, Schlupflider, nicht enden wollende Streitereien. Und natürlich auch das genaue Gegenteil von allem. Und vielleicht mündet genau das alles ins Alter. Vielleicht kreisen dann vor allem die leuchtenden Momente um uns. Die kleinen großen Gefühle, die Freuden, die Stille, die Nichtdramen, der Sonnenschein, Liebe, Gemütlichkeit, Humor. Wir sollten einfach auf Jane Fonda hören und darauf bauen.

»Somewhere inside something
there is a rush of greatness
Who knows what stands in front of our lives …
Let the sunshine in …«

Hair

Auf der Bank vor dem Kiosk sitzt bereits ein Gast. Wir entscheiden uns für Kaffee und vermissen ein bisschen die Eierlikörtorte. So etwas gibt es hier nicht. Leider. Die Sonne scheint wohlig warm auf die Sitzecke. Sahnige Wolken ziehen am Himmel bedächtig ihre Bahnen.

Der Gast entpuppt sich als Buchhalter, geschieden, Ende 50, gutaussehend. Ludwig sein Name, er leite eine Abteilung in einer nahgelegenen Steuerkanzlei. Er sei viel unterwegs, eigentlich dauernd. Und er wolle nun hierherziehen, um seinen erwachsenen Kindern nahe zu sein. Ludwig braucht nicht viel zum Leben. »Einen Platz zum Schlafen. Eine Ecke zum Sitzen. Gesellschaft.« Und dann zeigt er uns den Ort, der in ein paar Wochen sein Zuhause sein wird. Wir laufen an etlichen Mobilheimen vorbei, an zurechtgezimmerten Wohnwägen, die nahtlos in hübsche Gärten übergehen. Überall sehen wir gemütliche Terrassen, gepflegten Rasen, Persönlichkeit. Eine Rentnerin döst auf einer Liege im Garten. Neben ihr schnarcht ein kleiner Hund. Ein älteres Ehepaar isst zu Mittag zwischen prachtvollen Hortensienstauden und geschwungenen Outdoorskulpturen. Mit Sigurd und Sonja verabreden wir uns umgehend. Gegenüber mäht ihr Nachbar pfeifend seine Wiese. Wir staunen. Die Menschen haben sich in ihren Nischen wohlig eingerichtet, haben aus wenig viel gemacht. Eine gefällige Zone mit Ruhepuls fürs Alter.

»Hier ist es«, sagt Ludwig feierlich und zeigt uns eine quadratische Wiese am äußersten Rand des Platzes. Der Autolärm hallt nur noch leise bis hierher. Wir gucken auf den Flecken Gras und bemühen unsere Fantasie. Das ist er also: Ludwigs Alterswohnsitz. Einen kleinen gebrauchten

Wohnwagen hat Ludwig schon gekauft. Für 3000 Euro. Dazu kommen die Pachtgebühr und Strom- und Wasserkosten. Insgesamt wird er hier für monatlich etwa 350 Euro leben. Und er freut sich drauf.

Sonja und Sigurd hingegen mögen es weitläufiger. Ihr ausgebauter Wohnwagen, der professionell in ein Mobilheim mündet, ist umrahmt von einer großen Gartenanlage. Überall gibt es dort kleine Wohlfühlecken. Ein Pavillon für nachmittägliches Lesen. Zwei Liegen unter einem Baum für ein Mittagsschläfchen. Einen großen runden Tisch inmitten von blühenden Blumen für Familie, Freunde und Nachbarn, den Sigurd in der Mitte geschickt mit einer Säge bearbeitet hat. Dort, in den Tisch eingelassen, befindet sich der kreisrunde Grill. Hier feiern Sonja und Sigurd ihre Feste mit Nachbarn. Hier sitzen ihre vier erwachsenen Kinder und ihre vier Enkel mit am Tisch. Hier findet das Leben statt, das sie so lieben.

Sigurd ist 77. Sonja 75. Beide sind fit und agil, und beide lieben Camping. Schon immer. Er war Berufssoldat, sie im Einzelhandel. Seit Sigurd mit Anfang 50 pensioniert wurde, reisen sie mit dem Wohnwagen durch die Weltgeschichte. Über 10 Jahre blieben sie in Ungarn, kauften dort ein Haus, schlossen Freundschaften. Aber dann, als sie älter wurden, meldeten sich die Kinder immer drängender und baten um Rückkehr. Sie hatten Sorge, bei Krankheit nicht schnell genug vor Ort zu sein. Sonja und Sigurd kamen schweren Herzens zurück nach Deutschland. Doch seit sie sich vor vier Jahren hier auf dem Campingplatz ihr kleines Paradies gebaut haben, ist alles gut.

Als wir mit Sigurd und Sonja am runden Tisch sitzen, fühlt sich Camping für uns nicht mehr ganz so beklemmend an. Ihre 60 Quadratmeter Wohnfläche zeigen sie uns voller Stolz. Ein helles Schlafzimmer mit großen Fenstern, ein kleiner Wohnraum mit Fernseher, eine Küche mit moderner Theke und allen Geräten, die man braucht. Alles liebevoll und praktisch ausgebaut. Camper wissen, wie man Stauraum schafft. Sogar ein Bad mit Badewanne haben die beiden. Insgesamt zahlen sie an Pacht für ihr Häuschen und den großen Garten mit Strom- und Wasserkosten 430 Euro monatlich.

Sigurd köpft eine Flasche Sekt. Es ist ein schöner lauer Sommerabend. »Prost«, sagen die beiden und legen los.

Erkenntnisse des Tages

★ *Kleine Gefühle sind auch wichtig.*
★ *Jane Fonda kennt sich aus.*
★ *Manchmal muss man sein angestammtes Terrain verlassen.*
★ *Camping hat viele Gesichter.*

– SONJA UND SIGURD –

76 und 77 Jahre, wohnhaft auf Campingplatz Murgtal Camping nahe Rastatt

Was hat Sie dazu bewogen, auf einem Campingplatz zu leben?

In eine Wohnung gehen wir nicht. Das hier ist unser Leben. Unsere Kinder leben in der Nähe, das war uns wichtig, und daher war das ausschlaggebend. Weiter weg zu sein, macht keinen Sinn.

Welchen Vorteil hat das Leben auf einem Campingplatz?

Wir lieben und schätzen die Freiheit. Gerade hier auf diesem Platz. Wir brauchen keinen Schnee zu schippen, wir müssen nicht fegen, keiner muss um Erlaubnis fragen, ob es ok ist, abends noch die Waschmaschine anzustellen oder zu duschen. Es gibt nur eine Regel: Du kannst hier machen, was du willst, wenn du deinen Nachbarn auch machen lässt, was er will. Jeder lebt sein Leben und tritt dem anderen nicht auf den Füßen herum. Jeder ist im Alltag maximal tolerant.

Hatten Sie die Entscheidung, auf einem Campingplatz zu leben, schon lange im Sinn, haben Sie diesen Schritt frühzeitig geplant?

Wir machen schon sehr lange Urlaub mit dem Wohnmobil und waren häufig die Wochenenden auf dem Campingplatz. Wir wussten, was uns erwartet und auf was wir uns einlassen. Es war eine bewusste und reflektierte Entscheidung, kein spontaner Entschluss.

Was ist der Vorteil für Sie hier?

Wir leben nicht zur Miete, das alles hier ist unser Eigentum. Alles, was hier steht, gehört uns. Das ist ein tolles Gefühl und macht uns stolz.

Leben Sie jetzt also so, wie Sie sich das gewünscht haben?

Ja sicher! Wir haben uns hier einen Traum erfüllt, das ist das, was wir wollten. Selbstständig sein, unabhängig und frei. Diesen vielleicht letzten Lebensabschnitt verbringen wir, wenn alles gut geht, hier auf dem Campingplatz. Die Familie ist uns sehr wichtig, vielleicht sogar das Wichtigste.

Die Kinder sind in der Nähe, nur eine halbe Stunde entfernt, und wir haben hier alles was wir brauchen. Sogar rollstuhlgerecht ausgebaut haben wir unser Zuhause. Und trotzdem, wenn uns die Sehnsucht packt, fahren wir morgen mit unserem zweiten, dem kleinen Wohnwagen hier im Garten einfach los. In die Sonne, ans Meer, einfach, wohin wir wollen. Vor kurzem sind wir morgens aufgewacht, haben uns angeschaut und spontan beschlossen, am nächsten Tag nach Spanien zu fahren. Diese Freiheit, diese Unabhängigkeit ist etwas ganz besonderes und begeistert uns. Wenn ich weg will, fahre ich. Wenn ich genau hier eine Blume pflanzen möchte, dann tue ich das. Jede Idee, die ich hier habe, kann ich ausleben, ohne Verbote oder Auflagen.

Ihr Heim hier ist sehr gemütlich und gepflegt, aber ein paar Meter weiter sieht es ja nicht ganz so heimelig aus, eher ein wenig heruntergekommen und wenig einladend. Stört Sie das Ambiente gar nicht?

Es ist okay hier. Wir wussten, worauf wir uns einlassen. Wir nehmen in Kauf, dass es hier außer einem kleinen Laden und einem Restaurant nichts gibt und manche Nachbarn ein wenig schwierig oder sagen wir »kompliziert« sind. Aber wir konnten nicht groß auswählen. Hier auf diesem Platz dürfen wir unseren ersten Wohnsitz haben, das ist ja noch immer selten in Deutschland. Aber es gibt überall solche und solche Typen und Menschen. Wir sind zum Glück gesellig und offen und machen uns nichts aus dem Gerede von anderen. Ob nun einer Direktor oder Straßenfeger ist, egal, erstmal ist es ein Mensch mit einer eigenen Biografie. Hier spricht man mit den Nachbarn, auch wenn es nur ein Hallo ist. Hier sind neue Freundschaften entstanden, eine Bekannte geht nun mit in den Ort zum Seniorenturnen. Das ist schön. Und demnächst kommen Freunde aus dem Ort zum Essen zu uns, obwohl wir am Anfang auf manche ein wenig unheimlich gewirkt haben. Denn wer lebt schon auf dem Campingplatz? Da hatten wir mit Vorurteilen zu kämpfen.

Egal wo man wohnt, es liegt doch immer an einem selbst, was man aus seinem Leben macht. Ob ich mich nun zurückziehe oder auf andere zugehe – das bleibt die eigene Entscheidung.

Was würden Sie anderen raten, die überlegen, es Ihnen gleich zu tun, und sich einen Lebensabend auf dem Campingplatz vorstellen können?

Man muss früh den Grundstein legen, genau wissen, worauf man sich einlässt und es auch wirklich wollen. Auch finanziell muss man es sich leisten können. Die monatliche Belastung mit der Platzmiete, Wasser und Strom ist nicht sehr hoch (keine 500 Euro im Monat für zwei Personen), aber der Wohnwagen kostet in der Anschaffung, und es gibt auch immer etwas auszubessern und auszubauen. Da ist es hilfreich, ein wenig geschickt zu sein. Menschen mit Vorurteilen haben es hier sicher schwer, offen für Neues zu sein hilft. Das Leben ist Veränderung. Wer hier wohnt, begibt sich in eine Art Schicksalsgemeinschaft. Jeder hilft jedem. Man versteht sich untereinander. Camper ticken zumindest ein Stück weit alle gleich.

Was macht also den Reiz aus hier?

Die Unabhängigkeit, die Freiheit und die Flexibilität. Das Leben hier draußen hält einen lebendig. Wir pflanzen unser Gemüse hier an und haben hier und da zu tun im Garten oder auf dem Grundstück. Da erhalten wir jeden Tag ein Stück Bestätigung, es ist ein Glück für uns. Wir sind aktiv, schlafen können wir, wenn wir unter der Erde sind.

Für ein Leben auf dem Campingplatz sollte man allerdings geboren sein. Es ist nicht für jeden etwas. Auf jeden Fall sollte man es ausprobieren, bevor man sich für ein Leben auf dem Campingplatz entscheidet. Und man sollte sich ganz sicher sein, und wenn man es zu zweit plant, müssen beide gleichermaßen überzeugt sein, das Richtige zu tun.

Gibt es Nachteile?

An Luxus und Bequemlichkeit mangelt es uns hier nicht. Beim Ausbau des Wagens sollte man keine Kompromisse machen. Wir haben eine Zentralheizung, und das Mobilheim ist gut isoliert. Vielleicht muss man, je nach Platz, Abstriche machen, was die Nachbarschaft oder die Wohnlage angeht. Der Lärm von der Autobahn, der Umweltlärm hier, das ist nicht ideal. Aber man gewöhnt sich daran. Uns stört es nicht. Es hätte in Norddeutschland auch schönere Plätze gegeben, aber dort eben auch nicht die Nachbarschaft zu unseren Kindern und Enkeln.

Und was denken wir?

- **Christiane**

  Pro: Es ist bezahlbar. Ich habe zumindest in großen Teilen die Freiheit, da zu leben, wo ich gerade möchte.

  Contra: Es ist mir zu anonym. Ich habe nicht genug Luft zum Atmen. Das Gemisch aus Plastik und Plane kratzt mir in der Kehle. Außerdem habe ich zwei linke Hände, und ich wäre hilflos – schön machen kann ich es mir ohne Hilfe nicht.

- **Barbara**

  Pro: Für kleine Renten ist es eine gute Option. Wer alleine ist und Gesellschaft möchte, der findet sie dort. Das Wohnmodell schützt auf jeden Fall vor Einsamkeit. Jede Menge Grillabende sind garantiert.

  Contra: Auch wenn die Häuschen noch so liebevoll gestaltet sind – das Gefühl, dauerhaft auf einem Campingplatz zu leben, schwindet nicht. Vielleicht wird die Nähe zu eng?

CAMPINGPLATZ

In Deutschland gibt es gut **3.000 geöffnete Camping-plätze** mit gut 225.000 angebotenen Stellplätzen.[10]

Die **meisten Campingplätze** befinden sich **in Bayern,** gefolgt von Niedersachsen und Baden-Württemberg.[11]

Schätzungen zufolge leben bereits über

300.000 Menschen in Deutschland

dauerhaft auf einem Campingplatz,

teils ›nur geduldet‹.[12]

Wer *offiziell gemeldet*

dauerhaft in einem Wohnmobil leben möchte,

braucht einen Campingplatz

mit offizieller *Erst-Wohnsitz-genehmigung*.[13]

Jahrespacht

für einen Wohnwagen-/

Mobilheim-Stellplatz (je nach Größe)

inkl. Kosten für Wasser,

Strom, WLAN, Abwasser, Gas, etc.:

ca. 1.500 Euro.[14]

Nach-
gefragt
bei ...

– BEA –

69 Jahre, ehemalige Krankenschwester, verheiratet, eine Tochter, eine Enkelin

Wie würden Sie Ihr Lebensgefühl im Alter beschreiben?

Es gibt einige Dinge, die anders sind als noch vor 20 Jahren, wobei ich mich um 20 Jahre jünger fühle. Ich genieße es, viel Zeit zu haben für Kultur, Sport und Treffen im Freundeskreis. Zeit zu haben ist wunderbar.

Was gefällt Ihnen besonders in dieser Lebensphase?

Die Muße zu haben, Dinge ohne Druck zu unternehmen, und auch mal sagen zu dürfen: Das brauche ich nicht mehr. Meine Devise ist: Alles zu seiner Zeit.

Was missfällt Ihnen?

Die Zeit läuft gefühlt immer rascher dahin, je älter ich werde. Die Gedanken an die Endlichkeit werden immer öfter präsent.

Trotzdem denke ich, dass ich noch lange lebe und lasse dem Unmut keinen Schwung.

Was macht Sie glücklich?

Dass ich eine Tochter und eine Enkelin habe. Und dass ich in einer Patchworkfamilie lebe – mein Mann hat zwei Töchter und vier Enkelkinder –, macht mich froh. Wir pflegen ein gutes und herzliches Verhältnis zueinander, in den ersten Jahren war das sehr viel schwieriger. Aber da mir mein Mann voll zur Seite stand, schafften wir es mit der Zeit, untereinander eine liebevolle Beziehung aufzubauen. Gut Ding braucht eben Weile.

Was macht Ihre Ehe/Beziehung heute anders, also schwieriger oder leichter als früher?

Meine früheren Beziehungen verliefen oft sehr kompliziert, denn ich war von Bindungsängsten geplagt, wollte immer wieder fort. Dennoch sehnte ich mich irgendwann danach, anzukommen und zu bleiben. Ich hatte das Glück, den für mich richtigen Partner zu finden. Mit ihm lebe ich inzwischen 26 Jahre zusammen.

Welche Rolle spielt Einsamkeit in Ihrem Leben?

Ich habe keine Angst vor Einsamkeit, allerdings war ich noch nie wirklich alleine. Dabei hatte ich mir immer gewünscht, auch mal Single zu sein, was sich aber nie ergab. Trotzdem bin ich sicher, auch gut alleine zurechtzukommen, und das ist ein beruhigendes Gefühl der Sicherheit: nicht abhängig und für sich selbst verantwortlich zu sein.

Was ist aus Ihrer Sicht und Ihrer Lebenserfahrung heraus generell wichtig für ein erfülltes und gelungenes Leben?

Ein friedliches, offenes Miteinander mit allen Menschen, die mir nahestehen und mit denen ich in irgendeiner Weise zu tun habe. Toleranz und Humor spielen eine wichtige Rolle.

Wie gestaltet sich Ihr Alltag als Rentnerin, und inwieweit deckt sich das mit den Vorstellungen, die Sie im Vorfeld hatten?

Es deckt sich nicht ganz mit meinen Vorstellungen, die ich hatte. Mein Mann hat seit neun Jahren Krebs, und wir beide sind dadurch doch manchmal ziemlich eingeschränkt. Wir können nicht mehr so reisen, wie in den ersten Jahren, als wir in Rente gingen.

Trotz allem haben wir beide unseren Humor nicht verloren, und wir stemmen die Situation so gut wie möglich. Dabei gibt es ja auch immer noch viele Möglichkeiten, wir können Ausflüge unternehmen, Kulturveranstaltungen besuchen, Freunde treffen und noch einiges mehr.

Der Alltag zu Hause gestaltet sich entspannt: Zeitunglesen beim Frühstück, Sport, in die Stadt radeln, Bücher lesen, den Garten genießen.

Gibt es einen Plan, wenn Sie nun doch krank werden? Haben Sie heute schon konkrete Pläne für diese Lebensphase?

Ganz und gar nicht, denn ich möchte nicht bereits im Vorfeld für alle möglichen Eventualitäten vorsorgen – was, wenn und überhaupt. Das würde mich stark hemmen in meiner Lebensart. Das Einzige, was mir wichtig ist: ich möchte niemanden aus der Familie belästigen.

Was ich mir vorstellen könnte, wäre in einer Gemeinschaft von mehreren Bewohnern zu leben, die sich gegenseitig helfen, soweit möglich. Oder eine Mehrgenerationen-Gemeinschaft. Da bieten sich interessante Möglichkeiten an. Aber das ist für mich noch in weiter Ferne. Und wenn nötig, muss halt kurzfristig entschieden werden.

Ich fürchte mich nicht vor dem Alter, und ich trainiere das, was kommt, anzunehmen. Das gibt mir Halt.

Was würden Sie heute Jüngeren als Rat mit auf den Weg ins Älterwerden geben?

Eine gute Ausbildung zu absolvieren, damit sie selbstständig und unabhängig sind. Eine gesunde Lebensführung und ein stabiles Umfeld schaffen!

Was bedauern Sie rückblickend?

Ich habe zu früh geheiratet und meine Tochter mit 21 Jahren bekommen. Nach fünf Jahren verließ ich meinen ersten Mann. Meine Tochter ließ ich bei ihm. Das tut mir heute noch sehr leid.

Worauf sind Sie heute stolz?

Zu sagen: Ich bin stolz – dem stehe ich eher sensibel gegenüber. Ich würde für mich lieber sagen: Ich bin zufrieden und dankbar für alle guten Dinge, die mir im Leben begegnet sind.

Nach-
gefragt
bei ...

- IRIS -

*55 Jahre, Hausfrau,
nach 27 Jahren Ehe in Trennung*

**Wenn Sie ans Älterwerden denken,
worauf freuen Sie sich?**

Ans Älterwerden denke ich kaum, bislang hatte ich keine
Gelegenheit und auch keinen Grund dazu. Ich erfinde mich
gerade neu. Ich könnte mir vorstellen, in ein Tinyhouse zu
ziehen. Ich will Ballast abwerfen, lieber klein und fein. In
mir selbst liegt meine Zufriedenheit, ich brauche eigentlich
nur Platz für mich. Ich möchte gerne verbunden sein mit der
Natur. Das Leben in der Stadt und in der Gesellschaft hatte
ich schon – in Zukunft will ich lieber für mich sein. Freunde
bleiben sicher wichtig, aber mit mir im Reinen zu sein, das
strebe ich an.

Was verunsichert Sie oder treibt Sie um?

Ich weiß noch nicht, wie ich finanziell später dastehe. Ich bin gerade in Trennung, habe keinen guten Beruf und verdiene vermutlich in der Zukunft wenig. Bislang war ich Hausfrau. Ich habe Angst davor, den Lebensstandard nicht halten zu können, den ich jetzt habe. Geld spielt eine große Rolle. Ich habe Angst, jetzt in ein Loch zu fallen, und daher weiß ich auch nicht, wie es später wird.

Haben Sie heute schon konkrete Pläne für diese Lebensphase?

Bislang habe ich noch keine Idee, das Alter beginnt doch erst und ist gefühlt noch so lange hin. Irgendwie wird sich etwas ergeben. Die Idee, eines Tages in ein Altersheim zu gehen, ist mir fremd und fern.

Was wäre Ihre Wunschvorstellung für das Älterwerden und Ihr Leben darin, wenn Sie frei wählen könnten?

Ich würde gerne reisen, solange es möglich ist. Die Welt lockt mich, und ich freue mich schon auch auf das Großelterndasein, aber ich möchte mich lieber um mich kümmern. Ich fühle ein inneres Glück, unabhängig zu sein, und das will ich auch in Zukunft beibehalten. Irgendwie wäre es auch schön an der Seite eines Mannes alt zu werden, mit dem Richtigen würde ich auch in ein Tinyhouse ziehen. Es sollte klein und heimelig sein und mitten in der Natur. Ein gemeinnütziges Projekt könnte ich mir auch vorstellen, irgendetwas wo ich mich einbringen kann und ich eine Aufgabe habe bis ins hohe Alter.

Was tun Sie schon jetzt, um sich auf das Älterwerden beziehungsweise das Alter vorzubereiten?

Ich möchte mit Yoga beginnen und mich regelmäßig in der Natur bewegen. Ich möchte später gesund und fit sein, da möchte ich jetzt darauf hinarbeiten. Schön wäre es, bis ins hohe Alter Freunde zu haben, auf die ich mich verlassen kann. Ich versuche, mein Netzwerk zu pflegen. Um ganz alleine zu sein, ist der Mensch nicht geschaffen, aber das kann ich alles nicht beeinflussen. Vielleicht habe ich später ja auch einen Partner an meiner Seite.

SELBSTVERSUCH AUSLAND, ÖKODORF IN DER SCHWEIZ – ODER AB NACH THAILAND?

Der Hahn kräht in den noch prasselnden Regen. Es ist Sonntagfrüh. Schwere Wolken wabern vor den Fenstern. Wie in Zeitlupe strecken sich dicke Tropfen von der Dachrinne in die Tiefe. Der Sommer geht zu Ende.

Als wir aus unseren Gästezimmern kommen, sitzen sie bereits im Kreis in der ledernen Sitzgruppe. Manche haben die Augen geschlossen. Um 9 Uhr wird gesungen in der spirituellen Öko-Gemeinschaft. Ohne Zwang. Wer Lust hat, der kommt. Lieder aus Taizé, eine Art musikalisches Gebet. Meditative Klänge, mit denen sie gemeinsam in den Sonntag gleiten. Es ist ihr ganz eigener Gottesdienst. Wir beide sinken in die wuchtige Couch, nehmen uns die Gesangsbücher und stimmen mit ein. Die Dame neben uns ist, wie alle hier, textsicher, zieht uns mit ihrem glockenhellen Sopran mit. Die Gruppe wiederholt jeden Gesang mehrmals. Und mit jeder Strophe öffnen sie die Melodie in unterschiedliche Stimmlagen. Draußen donnert es. Innen strahlt der Chor. Wir gucken in die Runde. Sie alle sind andächtig, aufeinander eingestimmt seit Jahren. Das spürt man gleich. Markus, 41, sitzt verschlafen mit seinen beiden Kindern im Sessel. Sie kennen das Ritual. Markus hat neun Jahre lang mit seiner Frau und seinen Kindern in der Gemeinschaft gelebt, dann zogen sie als Familie ins Dorf. Die Ehe zerbrach. Markus ging zurück in die Gemeinschaft. Seine Kinder besuchen ihn am Wochenende.

Maria, 69, kommt mit ihrer Enkelin Tara etwas später und fädelt sich in den Gesang ein. Sie lebt seit zwei Jahren hier. Mit ihrer Tochter, ihrem Schwiegersohn und den beiden Enkelinnen.

Seit Anbeginn ist René, 71, mit seiner Frau da. Beide singen für ihr Leben gern. Der Holländer und Mitbegründer der Gemeinschaft untermalt mit seinem schönen Bass die Klangwolke, die von Blitz und Donner unbeirrt durch die Halle des ehemaligen Sanatoriums zieht. Diese Gemeinschaft ruht in sich an diesem Morgen, und René scheint alle mit seiner sonoren Stimme vor dem Chaos der Welt da draußen abzuschirmen. So wirkt es jedenfalls auf uns. Alles ist hell und harmonisch, und wir beide sitzen mittendrin und singen so leidenschaftlich, wie schon lange nicht mehr.

Wir sind übers Wochenende hierher in den Osten der Schweiz gefahren. Nach Degersheim. Ein kleines Dorf, das sich in die idyllischen Berge schmiegt. Als wir kommen, ist der Himmel knallblau. Auf den saftigen Wiesen grasen braune Kühe. Ihre Glocken klingen durchs Tal. Eine Bäuerin mit Kopftuch verkauft Bergkäse von der Alm. Ein Traktor tuckert über die Straße aufs Feld. Aus dem Brunnen am Dorfplatz plätschert klares Wasser. Es riecht nach Heu. Eine unwirkliche Kulisse. Braune Holzhäuser mit bunten Fensterläden und Geranien davor. Kleine Geschäfte. Eine Bäckerei, ein Metzger. Rote Geranien baumeln im Wind. Fehlt nur noch Heidi, denken wir, fahren den Berg hinauf und sind total gespannt, was uns hier wohl erwartet.

Das ehemalige Kurhaus liegt oberhalb der Ortschaft. Vor elf Jahren hatten René und seine Frau gemeinsam mit fünfzehn Freunden die Idee, eine Lebensgemeinschaft zu gründen. Einen Verbund aus unterschiedlichen Menschen, die ähnliche Lebensziele verfolgen. Alle waren zutiefst naturverbunden. René hatte Chemie studiert und seine Frau kennengelernt. Gemeinsam haben sie fünf Kinder bekommen. Das Lebensprinzip von Gemeinschaften hat beide immer schon fasziniert. Nach langer Suche fanden sie das Gelände des ehemaligen Sanatoriums in der Ostschweiz und wussten gleich: Das ist es. René atmete damals tief, an der Schwelle zu einer Vision, die ihm und seiner Frau schon lange vorschwebte.

Da waren mehrere Gebäude mit viel Platz, verstaubt und heruntergekommen, aber voller Geschichte. Dazwischen ein riesiger parkähnlicher Garten mit alten Bäumen, wildem Wein an den Mauern und verwunschenen Plätzen. Drumherum satte Felder, Berge, Weite, Natur. Die Gebäude waren ausgestattet mit vielen Zimmern, die man zu Wohnungen umbauen konnte. Alles war gefüllt von der Aura ehemaliger

Bäder- und Kurgäste, ihrer Geschichten, ihrer Dramen und Widrigkeiten, ihrer Heilung. Wie ein fernes Echo hallte das Kurleben der Menschen nach, die hier vom Alltag pausiert und geruht hatten. Das gesamte Areal stand leer und war renovierungsbedürftig. Aber das Potenzial war da, zum Greifen nah. Allerdings für damals fünf Million Franken. Ein ziemlicher Batzen. Also suchten sie Mitstreiter. Und fanden sie. Junge, Alte, Familien, Singles. Menschen, die ihre Botschaft, ihr Anliegen teilten.

René kannte sich aus mit energetischen Bauweisen und Nachhaltigkeit. Er besorgte Fördermittel, kümmerte sich um die Bürokratie. Alle zogen an einem Strang – ihren gemeinsamen Traum vor Augen. Jeder konnte etwas anderes gut, und so entstand nach und nach ein Lebensmodell für die Zukunft. Ein Jahr dauerte die Basisarbeit, ein Konzept wurde erstellt, Bedürfnisse und Werte formuliert.

Auf ihrer Website umschreiben sie es heute in Kurzform so: »Die Gemeinschaft ist ein lebendiges Projekt, welches sich der Potenzialentfaltung und der Zukunftsfähigkeit gewidmet hat. Das ganzheitliche Lebenskonzept umfasst ökologisches Wohnen, soziale wie ökonomische Nachhaltigkeit, gelebte Integration und Spiritualität im Alltag.«

Wir parken den Wagen und stehen mit unseren Koffern auf dem Hof vor dem Haupthaus. Ein kleiner Pool ist dort aufgebaut, in dem Markus mit seinen beiden Kindern plantscht. Später während unseres Aufenthalts werden wir ihre Geschichte noch erfahren.

Rundherum liegen Roller und Fahrräder. Ein Kind malt mit Kreide eine Fahrstraße. Aus der Ferne hören wir weitere Stimmen. Tara rennt im Badeanzug mit ihren hellblonden wehenden Haaren über den Hof und stürzt sich in den Pool. »Das ist meine Enkelin«, sagt Maria lächelnd und begrüßt uns offen und herzlich. Eine kleine Person mit kurzen weißen Haaren und strahlenden Augen. Sie wirkt fröhlich und nimmt uns mit hinein. Auf dem Schild am Eingang steht »Herzfeld Sennrüti«. So heißt die Gemeinschaft heute. Wir bringen unsere Koffer auf die Zimmer. Maria möchte uns herumführen und erzählt ihre Geschichte. Sie ist zupackend, ihr Weg hierher anrührend und spannend.

Die heute 69jährige wuchs auf einem Bauernhof bei Stuttgart auf. Mit Großeltern, zwei Geschwistern, Eltern, Knecht und Magd. Eine anfangs glückliche Kindheit, doch dann schlug das Schicksal zu. Ihr Bruder nahm sich das Leben. Kurz darauf starb ihre Mutter durch einen Autounfall. Ein paar Jahre später erkrankte ihr Vater an Krebs und verlor den Kampf gegen die Krankheit. Damals war Maria 14. Was aus den schmerzhaften Verlusten erwuchs, prägt bis heute ihr Leben. »Ich wäre sonst wohl nicht in unterschiedlichen Gemeinschaften gelandet«, sagt sie. Wir stehen am Gewächshaus und blicken auf die weiten Felder, die den Garten umrahmen. Ein Bauer mäht das Gras. Pferde wiehern. Auf den Feldern ragt Mais in den Himmel. Ob wir hier auch leben könnten?

Maria wohnt in einem eigenen Apartment, wie die allermeisten. Gut 60 Quadratmeter. Es ist gemütlich, helle Möbel, Sitzecke, Sofa, ein Schreibtisch, ein Macbook, Fernseher, sogar ein Ankleidezimmer hat sie. Zweieinhalb Zimmer, Bad, eigene Küche und ein großer hölzerner Balkon. Von hier aus blickt Maria in den Garten. Ihr Zuhause. Für 1000 Euro Miete.

Nach etlichen Umwegen und vielen Lebensjahren in Berlin zog sie vor zwei Jahren mit ihrer Tochter, ihrem Schwiegersohn und den beiden Enkelinnen Runa und Tara hierher. Es war eine gemeinsame Entscheidung. Für die Familie. Für die Gemeinschaft. Für Nachhaltigkeit. Für gesunde Ernährung. Für Spiritualität. Und auch für Eigenständigkeit. Tara und Runa leben mit ihren Eltern in einer anderen Wohnung. Maria wollte ihr Reich. Die anderen auch.

Durch die Heirat mit einem Schweizer hatte sie vor vielen Jahren die Schweizer Staatsbürgerschaft angenommen. Der Mann trennte sich kurz vor ihrem 50. Geburtstag, aber Marias Hang zu diesem Land verschwand nie. Und hier will sie auch bleiben. Ihre Nachbarin nebenan ist genauso alt wie sie. Ihr Verhältnis ist gut. Sie haben viel zu reden und helfen sich gegenseitig. Wie alle hier. Die Gemeinschaft, die Menschen hier stützen Marias Älterwerden, wie draußen der wilde Wein das alte Gemäuer. Alles Leben braucht Beziehung. Niemand will einsam sein. Einsamkeit zwingt Menschen in die Knie. Das haben wir inzwischen verstanden.

Erkenntnisse des Tages

★ *Wir können vieles anhäufen, nur keine Zeit.*
★ *Zuneigung gibt Lebenskraft.*

Maria muss sich um Tara, ihre Enkelin kümmern. Sie ist rückwärts aus dem Pool geklettert und hat sich den Kopf angehauen. Ihre Mutter, Marias Tochter, ist als Hebamme gerade auf Hausbesuch. Tara ist gern bei ihrer Oma. Mit dicker

Beule sowieso. Maria kann super trösten und kocht außerdem lecker. Zu Mittag gibt es Nudeln mit Gorgonzola-Sauce.

Wir lassen die beiden allein und spazieren über das Gelände. Es ist herrliches Wetter und Markus tobt mit seinen Kindern wieder im Pool. Zurzeit lebt er in einem Wohnwagen auf dem Gemeinschaftsgelände. »Nur eine Übergangslösung nach der Trennung«, erzählt der sympathische IT-Spezialist. Seine Frau stieg aus der Gemeinschaft endgültig aus. Es war ihr einfach zu viel, diese neun Jahre hier. Zu viel Gemeinschaft, zu viele Gemeinschaftsabende, zu viel in der Gemeinschaftssuppe rühren. Auch für die Kinder sei es zu viel gewesen, erzählt uns Markus. Gemeinschaft verpflichtet eben auch und kann sehr anstrengend sein. »Die Kinder waren ständig abgelenkt«, sagt Markus. Zu fokussiert auf andere. Zu viel Ersatzfamilie. Zu viele Ansprechpartner. Kaum Familienzeit. Wer hier lebt, muss Gemeinschaft eben auch aushalten.

Für Markus aber blieb es ein Hort. Er kam nach der Trennung mit seinem Wohnwagen aus der gemeinsamen Wohnung im Dorf zurück. Wie es weitergeht, weiß er noch nicht.

»One day I'll fly away
Leave your love to yesterday.«

Randy Crawford

Wir sitzen in der Gemeinschaftsküche und versuchen, die Kaffeemaschine zu starten. Vergeblich. Aber da hier jeder in der Gemeinschaft unterschiedliche Aufgaben hat, kommt die Kaffeemaschinenbeauftragte Marianne sogleich im Stechschritt und hilft uns. Und während die drahtige Frau an der Maschine herumhantiert, kommen wir ins Gespräch. Marianne ist 71 und seit sechs Jahren hier. Da die Gemeinschaft genossenschaftlich organisiert ist, hat sie sich, wie jeder andere auch, mit 55.000 Euro gewissermaßen eingekauft. Die Mieten sind dann in der Folge sehr moderat. Wer die Gemeinschaft verlässt, bekommt die Eingabe zurück.

Aber Marianne will bleiben. Sie hatte zuvor in einer großen Eigentumswohnung mit schönster Aussicht auf die Berner Alpen gelebt. Doch sie fühlte sich wie in einem Goldenen Käfig völlig vereinsamt. Als ehemalige Altenpflegerin hatte sie die Bilder von Menschen im Kopf, die in den langen Schatten ihres Älterwerdens immer weiter verwelkten und schließlich verkümmerten. Marianne verspürte eine nagende Sehnsucht nach Gesellschaft, nach Austausch. Ihren Mann hatte sie bereits mit 39 Jahren verloren. Gemeinsam waren sie damals in ein Schneebrett geraten. Sie überlebte, ihr Mann starb. Seither ist Marianne allein. Einen Mann hat sie all die Jahre einfach nicht mehr gefunden.

Heute kümmert sie sich in der Gemeinschaft nicht nur um die Kaffeemaschine, sondern auch um den Garten. Sie organisiert die Komposthaufen, sorgt sich um das Gemüse, jätet Unkraut. Und sie verbringt viel Zeit mit dem 8jährigen Sohn einer alleinerziehenden Mutter hier. Nicolas ist über die Jahre ihr Ersatzenkel geworden. Das hilft ihm, seiner Mutter und Marianne auch.

»Man muss offen sein für ganz viele und neue Herausforderungen«, sagt Marianne, drückt den Knopf an der Maschine, grinst und marschiert zurück in den Garten.

Wir setzen uns auf die Terrasse, trinken unseren Kaffee und machen Notizen. So viele Lebensgeschichten. Tragische. Tröstliche. Erschütternde. Und Glückliche. Vereint unter diesem Dach der Gemeinschaft in den Schweizer Bergen, verbunden durch eine gemeinsame Mission. »Herzfeld Sennrüti« ist, wie viele andere Gemeinschaften, Mitglied im Europäischen ›Global Ecovillage Network‹, also im Globalen Ökodorf-Netzwerk Europas. Auf dieser Plattform, die eine Vielzahl nachhaltiger Ökodörfer mit unterschiedlichen Schwerpunkten vernetzt, tauschen viele verschiedene Gemeinschaften in Europa ihre Ideen und Ziele untereinander aus. Es gibt sie auf der ganzen Welt. Wäre das ein Weg auch für uns?

Wir spazieren durch den Garten, vorbei an einem Gewächshaus und Gemüsebeeten, an Sandkästen und Baumhäusern, in denen Kinder spielen. Die Erdgeschosswohnungen haben kleine Terrassen. Überall blühen bunte Blumen. Auf einer Bank entdecken wir René, den Mitbegründer der Gemeinschaft und Besitzer dieser sanften Bassstimme. Der 71jährige liest im Schatten eines alten, knorrigen Baumes. Wir setzen uns zu ihm. Und René beantwortet geduldig unsere Fragen.

Nach-
gefragt
bei ...

– RENÉ –

*72 Jahre, Chemiker, Mitbegründer der
Gemeinschaft »Herzfeld Sennrüti«*

**Wenn man eine Gemeinschaft gründen möchte,
was ist zu beachten?**

Eine Testphase ist wichtig, das Ausarbeiten der Regeln für
eine gute Gemeinschaft ist essentiell. Eine gemeinsame Vision muss wachsen, es gilt, Einigkeit zu finden. Eine gute
Kommunikation ist die Grundlage von allem. Konflikte müssen direkt angegangen werden, so sollte beispielsweise jeder
miteinander, aber nicht übereinander reden. Es ist wichtig,
gemeinsame Regeln für das Zusammenleben festzulegen.
Das ist eine echte Herausforderung und dauert lange. Die
Visionen, die wir anfangs definiert haben, konnten wir uns
jetzt nach vielen Jahren wieder ansehen, und wir haben
gemerkt: Die Essenz stimmt nach wie vor, aber dann gibt

es doch ein Leben, das anders spielt. Wir wollen innerlich wachsen, im Bewusstsein, dass wir keine Insel sind, sondern innerhalb der Gesellschaft leben. Da gibt es auch Umstände, an die wir uns anpassen müssen.

Eine von zehn Gemeinschaften ist erfolgreich: Nur wenn die Grundlagen stimmen, funktioniert es.

Jeder hat spezielle Aufgaben zu übernehmen, es gibt klare Strukturen, wer ist für was verantwortlich? Das ist eine entscheidende Frage, so kann jeder einen Teil für die Gemeinschaft beitragen und muss sich auch engagieren.

Was muss man mitbringen, um in einer Gemeinschaft leben zu können?

Es gibt viele Kriterien, aber das wichtigste ist: Man muss Zeit und Energie haben, an der Gemeinschaft teilzunehmen. Sonst macht das alles keinen Sinn. Und für neue Mitlieder gilt: Man sollte wertschätzen, was wir hier geschaffen und erarbeitet haben. Impulse sind willkommen, aber keiner sollte hier alles über den Haufen werfen wollen. Jeder, der kommt, muss erst einmal »schnuppern«, zur Probe wohnen. Erst danach hat jeder einen Eindruck, ob ein gemeinsames Leben vorstellbar ist. Die Entscheidungsfindung ist komplex und erfolgt in einigen Stufen – am Ende muss die Aufnahme eines neuen Mitglieds gemeinsam und im Konsens stattfinden. Jeder muss gehört und gesehen werden. Aber jede Art von Entscheidung ist aufwendig und braucht stets so lange, wie es eben nötig ist. Am Ende muss sich jeder die Frage stellen: Bin ich unbefangen? Falls nicht, verzichtet er auf die Teilnahme an der kollektiven Entscheidung. Am Ende bleiben nur die Menschen übrig, die eine Entscheidung neutral tragen können.

Habt ihr eine Warteliste?

Noch nicht, wir sind sorgfältig bei der Auswahl. Die Wohnungen, die hier leer stehen, vermieten wir befristet, bis wir einen geeigneten Kandidaten gefunden haben. Anfangs haben wir jeden genommen, aber so leicht ist es nicht. Die Vorstellungen müssen passen, sonst geht es nicht gut, und es finden zu viele Wechsel statt. Im Schnitt gehen zwei bis drei Leute weg im Jahr und drei bis vier kommen neu dazu. Bis sich jemand wirklich wohl hier fühlt, vergeht schon einmal ein Jahr. Tatsächlich helfen oft auch aufkommende Konflikte, um die richtige Entscheidung zu treffen, ob man wirklich hier sein Lebensglück findet oder nicht. Von den Gründungsfamilien gibt es nur noch vier Personen, von denen aus der ersten Zeit noch zehn, aber es ist eben auch ein Kommen und Gehen. Das ist okay. Eine Gemeinschaft kann auch nur für eine bestimmte Lebensphase die passende sein.

Warum lebst du mit deiner Frau hier in der Gemeinschaft und nicht irgendwo anders?

Oh, wir sind hier das einzige Paar, die meisten sind single oder alleinerziehend, oder anders durchmischte Familien. Früher haben wir uns oft gestritten, aber die Gemeinschaft hilft uns auch, enger zusammenzuwachsen. Hier wohne ich jetzt auch mit Freunden zusammen: Die Bewohner werden zu Freunden, das ist schön! Es geht nicht um die eigene Beziehung, es geht um das Netzwerk als solches.

Wir sind hier international und offen für alle, es sind auch viele Deutsche hier. Alle, die hier wohnen, sehen in der Gemeinschaft einen Mehrwert, sie wollen nicht »nur« in der eigenen Familie oder Partnerschaft leben, sondern suchen darüber hinaus Inspiration und Erkenntnis. Außerdem haben wir eine freie Schule im Dorf – das zieht auch viele Bewohner an. Einige Eltern haben erst die Schule entdeckt und dann erst unsere Gemeinschaft. Wir sind bunt durchmischt, wobei auch zu einem Drittel ältere Menschen ab 60 hier wohnen.

Welche Rolle spielt die Ökologie hier?

Das ist enorm wichtig – wir wollen eine ganzheitliche Dorfgemeinschaft leben. Alles muss im Gleichgewicht sein. Wir sind hier ein Vorbild für andere Gemeinschaften: Eine gesunde ökologische Basis ist wichtig, und wir sind stolz darauf. Viele Generationen leben hier, sie bilden unsere Zukunft. Das Interesse an der Ökologie ist weltweit groß und wird immer größer. Inzwischen gibt es zehntausend solcher Gemeinschaften weltweit, und alle folgen dem Nachhaltigkeitsgedanken.

In der Ferne donnert es. Starker Regen und ein Gewitter bahnen sich an. Es ist spät geworden, der Himmel hat sich bereits verdunkelt. Bevor es weitergeht, spazieren wir noch ein Stück des Wanderwegs hinauf auf den Berg, um das Ganze mal von oben zu betrachten. Dieses Dorf, die Gemeinschaft. Wir blicken hinab ins Tal. Unten sticht die Kirchturmspitze über den Dächern empor. Wir hören die Glocken bis hierher. Weiter oben sehen wir das ehemalige Sanatorium mit seinen gut 60 Bewohnern. Herzfeld Sennrüti, umrahmt von sanften Bergen. Die Gemeinschaft als Herzfeld. So sehen sie sich. Wir fragen uns: Welche Scharniere, welches Schmiermittel brauchen solche Gemeinschaften, um wirklich zu funktionieren und sich nicht einzukapseln? Diese hier will sich ja nicht von der Welt trennen. Die Bewohner wollen kein Inselleben. Im Gegenteil. Sie haben Tage der offenen Tür, Aktionswochen, Seminare, sie laden die Dorfbewohner ein. Das Tor ist weit offen. Sie freuen sich über Besucher. Aber als Gemeinschaft brauchen sie eigene Regeln, eine Verwaltung und finanzielle Leitung, und vor allem Menschen, die mitwirken und Aufgaben übernehmen. Sonst funktioniert es nicht.

Ökologie, Nachhaltigkeit, erneuerbare Energien, Spiritualität, raus aus dem Hamsterrad. Ihre Themen sind Themen unserer Zeit. Die Vereinzelung der Gesellschaft. Altersarmut. Gesunde Ernährung. Klimawandel. Das berührt uns alle. Durch die sonnenverwöhnte Lage deckt die Gemeinschaft 150 Prozent ihres Strombedarfs und 70 Prozent ihres Warmwasser- und Heizbedarfs mit Solarenergie ab. Die Toiletten werden mit Regenwasser gespeist. Sie haben freilaufende Hühner und bauen Obst und Gemüse an. Alle weiteren Nahrungsmittel beziehen sie von Biobauern aus der Gegend.

Gemeinschaften wie diese passen in die Landschaft, in die Welt. Vielleicht sind sie ihrer Zeit voraus. Und uns auch. Sie leben im Kleinen, was im Großen in weiter Ferne scheint. Sie gestalten ihr Leben. Sie gestalten Zukunft und zeigen einander den Weg. Sie wollen Mensch sein, wahrhaftig sein, keine Rollen spielen, sondern hinter die Fassaden blicken. Hinter ihre eigene und hinter die der anderen. Ein Auge auf alle haben. Sie wollen gemeinsam leben, sich näherkommen, wachsen und nicht nur miteinander wohnen. Sie legen Wert auf Achtsamkeit, auf einen empathischen und anständigen Umgang miteinander. Sollten wir das nicht alle tun? Der Mensch hinter der Fassade sein? Andere sehen und begleiten? Anstand wahren? Empathie zeigen?

Am Ende müssen wir uns alle diese Fragen stellen: Leben wir so, wie wir es wirklich wollen? Lieben wir Menschen so, wie wir sie lieben wollen? Im Älterwerden verdichtet sich das Leben. Das Zwischenmenschliche zählt. Mehr und mehr. Ein schönes Gespräch, verzeihen können, ein reines Gewissen, Zuwendung, gute Beziehungen. Vermutlich ist diese Gemeinschaft wirklich ein Modell der Zukunft.

Der Himmel kippt. Schwarze Wolken hängen tief über dem Tal. Der Donner rückt näher. Wir spazieren zurück. Morgen früh um neun wird gesungen.

Erkenntnisse des Tages

★ *Lassen wir den großen Leonard Cohen sprechen: »There is a crack in everything; That's how the light gets in«*

★ *Und wir möchten einen Satz Marias hinzufügen, der uns heute nachdenklich gemacht hat: »Erst musst Du geben. Dann bekommst Du vielleicht etwas zurück. Aber deshalb gibst Du nicht.«*

★ *Und wir beide haben heute gelernt: Manchmal muss man sich von der Welt verändern lassen. Nicht umgekehrt.*

★ *Fragen stellen ist immer gut.*

Das alles merken wir uns. Das alles nehmen wir mit.

> *»The birds they sang*
> *At the break of day.*
> *Start again*
> *I seem to hear them say.«*

Leonard Cohen

Der Morgen ist klamm. In der Nacht hat es wie aus Eimern geschüttet. Draußen kräht der Hahn. Wir gucken aus dem Fenster. Letzte Rinnsale tropfen von den Blättern der Bäume. Es regnet nur noch leicht. Über den Wiesen dampft Nebel. Spinnennetze sind taubehangen.

Wir gehen hinunter in die Eingangshalle. Punkt neun Uhr beginnt der Gesang. Tara, Marias Enkelin, strahlt uns an. Die 5jährige mit den hellblonden Haaren ist Menschen gewöhnt. Schließlich wächst sie in der Gemeinschaft auf. Den Namen haben ihre Eltern bewusst gewählt. Im Buddhismus ist Tara eine wichtige Göttin. Sie steht für Empathie, sie schickt Licht und beschützt.

Wir singen eine Stunde lang. Dann am Ende, so schlägt eine Bewohnerin vor, sollen wir Shalom tanzen und singen. »Für unsere Gäste«, sagt sie. Das sind wir. Alle stellen sich im Kreis auf und halten sich an den Händen. In der Mitte stehen fünf Stühle mit dem Gesicht zu uns ebenfalls im Kreis. »Jeder, der möchte, kann sich in die Mitte setzen. Dann wird er von den anderen gesegnet«, erklärt uns René. Wir kreisen rechtsherum und singen Shalom. Dann linksherum. Immer wieder setzen sich Bewohner in die Mitte. Auch wir. Dann hält der Kreis inne, streckt die Arme in die Höhe und macht ein paar Schritte auf die Sitzenden zu. So geht das vor und zurück. Es mag für manchen seltsam klingen, aber die Segnung empfinden wir als intime, schöne Geste. Ein intensiver Vorgang. Für die, die sitzen. Und für jene, die segnen. Irgendwann löst sich Tara aus der Gruppe der Tanzenden und setzt sich in die Mitte. Der tanzende Kreis hält inne, wir recken die Arme in die Höhe, machen ein paar Schritte nach vorn, schwingen die Arme in die Höhe und fixieren die, die andächtig auf den Stühlen weilen. Tara sitzt uns genau gegenüber. Ihre knallblauen Augen schauen zu uns. Und wir schauen sie an. Vor und zurück, die Arme hinauf und wieder herunter. Wir singen dabei unermüdlich dieselben Zeilen. Unsere Blicken weichen nicht voneinander und schrauben uns in diesen Augenblick. Wir lächeln sie an. Tara bleibt ernst, konzentriert. Ein paar Minuten geht das so. Wir drei, wie in einem Kokon. Es ist elektrisierend. Geradezu sakral. Wie eine zärtliche Berührung. Ein Gebet durch innigen Augenkontakt. Und plötzlich, in dieser steten Wiederholung und unseren nicht weichenden Blicken, kommen Tara die Tränen. Und uns auch. Sie wischt sich durch die Augen. Die Spannung entweicht, entlädt sich in Rührung. Der Tanz ist zu Ende. Wir sind fassungslos. Irgendwie auch erleichtert und aufgewühlt. Tara lacht uns an und rennt zu Maria, um ihrer Oma zu erzählen, was gerade passiert ist. Und wir stehen da und sind ganz irritiert. So ist das eben. Wer sich im Leben einlässt, bleibt nicht unberührt.

Beim anschließenden Brunch gibt's leckeren Kaffee. Jeder hat etwas mitgebracht. Kuchen, Eier, frisches Brot, Käse, Obst. Wer Lust hat, nimmt im großen Speisesaal Platz. Die bodentiefen Fenster erhellen den Raum. In der Ecke steht ein Kamin. Wir sitzen an einem der großen Holztische und sprechen mit Maria. Unsere Stimmung ist tiefenentspannt.

Nach-
gefragt
bei...

– MARIA –

69 Jahre, ehem. Rechts- und Notargehilfin, Sterbebegleiterin, seit über 20 Jahren geschieden

Was ist für dich der Mehrwert hier?

Ich habe die letzten paar Jahre mit meiner Familie, also mit meiner Tochter, dem Schwiegersohn und den beiden kleinen Töchtern zusammengelebt. Zusammen in einer Wohnung war das allerdings anstrengend. Deshalb finde ich diese Wohnsituation hier super: Ich habe meine eigenen zwei Zimmer mit Küche und Bad, und meine Tochter mit ihrem Mann und den Kindern leben gleich in der Etage über mir.

Ich habe schon einige Formen von Gemeinschaft kennengelernt, größere und kleinere, auch spirituelle. Fast 30 Jahre meines Lebens habe ich so gelebt, immer hatte ich nur ein Zimmer.

Ich denke für jedes Alter und jede Situation gibt es unterschiedliche Bedürfnisse, und jetzt ist es für mich ideal hier, ja, wie ein Wunder. Ich habe gemerkt, ich möchte mich auch einmal zurückziehen können, in meine Räume und meine Stille. Auch ganz praktisch kochen, was und wann ich gerne möchte. All das erlaube ich mir jetzt in meinen älteren Jahren. Auch eigene Gäste in meinen Räumen empfangen zu können, finde ich herrlich. Besser als jetzt, könnte ich es mir nicht wünschen.

Und doch lebst du ja nicht alleine, sondern in einer Gemeinschaft?

Das hat auch einen hohen Wert für mich, wie für uns alle hier. Es gibt unterschiedliche Arbeits- und Erlebnisgruppen bzw. Verantwortlichkeitsbereiche – regelmäßige Treffen und Aufgaben. Ich bin zum Beispiel auch für den Kontakt nach »außen«, also für die Kommunikation mit Besuchern und Gästen zuständig. Auch bei einer Gruppe der Älteren bin ich dabei, wo wir uns mit unseren spezifischen Bedürfnissen beschäftigen – teilweise ganz formell wie das Ausarbeiten einer Patientenverfügung. Ich könnte mir auch etwas wie einen »Kreis der Weisen« vorstellen – wir haben ja einen großen Erfahrungsschatz, können anderen viel geben. Hier wohnen viele junge Menschen, vielleicht bringen wir das demnächst auf den Weg.

Was verbindet euch denn alle?

Jeder kann hier seinen Weg gehen, aber wir teilen dieselben Werte. Wir reiben uns aneinander und wachsen miteinander. »Herzoffen« zu sein, ist uns allen wichtig. Wir haben hier Vertrauen ineinander. Die Wohnungstüren sind hier beispielsweise tagsüber nie verschlossen. Es gibt Regeln, die sogenannten »common grounds«, für die wir hier in der Gemeinschaft einstehen und denen alle zustimmen müssen, die hier ein Teil sein möchten.

Was bereichert dich hier?

Der ungeplante Austausch, sei es draußen vor dem Haus oder im Garten, inspiriert mich immer wieder und schafft eine Verbindung. Da geschieht sehr viel, auch spontan und unstrukturiert. Wir schauen stets auf Konflikte oder Entscheidungen, die anstehen. Wir tauschen uns ständig aus. Das bereichert mich. Ich weiß, ich bin verantwortlich für alles, was mir geschieht und für das, was ich schaffe in meinem Leben. Ich stelle mich dieser Verantwortung jeden Tag und verstecke mich nicht. Hier habe ich die Chance, mich durch die Augen der anderen zu sehen und mich dadurch besser kennenzulernen. Wir versuchen hier, Freude zu schüren und Angst zu vertreiben.

Welche Rolle spielt für dich der ökologische Gedanke?

Ich lebe schon lange nachhaltig. Ich achte auf meinen Wasserverbrauch. Ich bin seit 20 Jahren Vegetarierin, ich rauche und trinke nicht. Ich trage Secondhand-Kleidung – wir haben hier auch eine eigene Kleiderkammer im Haus. Es gibt Sonnenkollektoren, das Regenwasser sammeln wir in Tanks, dieses Wasser nutzen wir für Waschmaschinen und Toiletten. Ich bin hier auf meinem ökologischen Weg viel weiter gekommen, als ich vor Jahren noch erwartet hatte. Wir versuchen, hier wirklich biologisch zu leben. Unsere Lebensmittel bestellen wir bei Bauern in der Nachbarschaft. Wir kaufen unverpackt ein, wir haben hier sogar einen kleinen eigenen Bioladen.

Sind die Gemeinschaften ein Modell für die Zukunft?

Ich glaube die Individualisierung der Menschen ist wichtig, denn daraus entsteht später wieder eine Sehnsucht nach einer Gruppe und einer Gemeinschaft. Wir versuchen hier, wahrhaftig und ehrlich zu sein. Das ist nicht einfach. Denn ich bin mir meines egoistischen Anteils bewusst, und es braucht Mut, um in der großen Gruppe zu bestehen und sich zu äußern. Es ist ein Kunstwerk sich miteinander zu verbinden, denn es sind ja viele unterschiedliche Charaktere, die sich hier zusammenfinden in der Gemeinschaft.

Was unterscheidet denn die Familie von der Gemeinschaft?

Die Familie ist mir näher, da bin ich immer zur Stelle.

Die Gemeinschaft kann eine Familie nicht ersetzen, aber sie ist für mich, so wie wir hier die Gemeinschaft leben, eine Art Teilfamilie, etwas wie Vettern, Cousinen und Tanten. Aber auch hier muss man etwas tun, um ein Teil der Gemeinschaft zu sein. Wer nur in seiner Wohnung bleibt, der kann auch hier »versauern« in seinen vier Wänden.

Gemeinschaft ist das, was ich gebe, das weiß ich. Erst musst du geben, dann bekommst du vielleicht etwas zurück. Aber deswegen gibst du nicht. Wer nur mit Erwartungen kommt, wird auf die Nase fallen und enttäuscht sein.

Es leben viele Singles hier, mehr als Familien, auch viele ältere Menschen – und jeder hat andere Wünsche und Ansprüche. Wir versuchen aber jeden zu hören und individuelle Entwicklungsmöglichkeiten zu geben. Entscheidungen treffen wir aber in der Gemeinschaft.

Wo liegen deiner Meinung nach die Schwierigkeiten eines Lebens in einer Gemeinschaft?

In einer Gemeinschaft läuft man Gefahr, sich zu viel zuzumuten. Wer gerne Verantwortung übernimmt, kann sich leicht zu viel aufhalsen. Auf sich selbst zu achten, auf seine eigenen Bedürfnisse, das musste ich tatsächlich lernen. Es ist ein Balanceakt, dafür einzustehen, was ich selber möchte und dennoch ein Teil der Gemeinschaft zu sein.

Wirst du hier denn bis zum Ende bleiben?

Ich bin glücklich hier und dankbar, dass ich hier bin. Ich möchte jetzt gerne bleiben, aber wer weiß, was die Zeit bringt? Das Wichtigste ist mir, dass ich mich selbst ertragen kann, so wie ich bin. Ich übe mich darin, mit mir im Frieden zu sein. Ganz zum Schluss, am Ende, geht jeder alleine. Darauf möchte ich gut vorbereitet sein.

> *»Wherever I lay my hat*
> *that's my home*
> *Um, that's my home.«*

Paul Young

Ob Schweiz, Spanien, Florida oder Thailand – viele von uns liebäugeln schon jetzt damit, eines fernen Tages auszuwandern. In die Sonne, ans Meer, in die Fremde, dorthin, wo es günstiger und vielleicht auch schöner ist als zu Hause. Tapetenwechsel. Ein Schritt ins Ungewisse. Nochmal Neuland erobern. Hoffnung auf ein Paradies nach der Rente? Deutsche Kolonien, durchdrungen von glücklichen Senioren, gibt es im Ausland reichlich. Wie beispielsweise Hua Hin in Thailand. Cornelius Steger und seine Frau suchten lange nach einer neuen Heimat für ihr Rentendasein. Sie machten Anläufe in der Karibik, in Südamerika und schließlich in Thailand. Aber ein Resort, wie sie es sich gewünscht hätten, gab es dort noch nicht. Also trafen sie eine waghalsige Entscheidung: Sie bauten sich selbst das Paradies, so wie es ihnen vorschwebte. Mit Poolanlagen, Fitnessclub, eigenen Apartments und Bungalows für die deutschsprachigen Bewohner und mit Möglichkeiten einer ärztlichen und pflegerischen Versorgung im Bedarfsfall. Die thailändische Regierung unterstützte das Projekt – wohl auch, weil sie scharf waren auf die kaufkräftigen Europäer, die sich hier niederlassen wollten. Das war vor 15 Jahren. Seither leben sie dort.

– CORNELIUS STEGER –

**67 Jahre, seit 35 Jahren verheiratet,
2 Söhne, Gründer der Seniorenresidenz
Lotuswell-Resort in Hua Hin
in Thailand, bewohnt von rund 200 Schweizern
und Deutschen**

**In welcher Form kann man in Thailand seinen
Lebensabend verbringen?**

Sicherlich ist es möglich, sich privat eine Wohnung zu mieten und zu versuchen, selbstständig hier Fuß zu fassen. Leichter ist es natürlich, wenn man in eine Anlage mit einer bestehenden Infrastruktur zieht. Noch gibt es davon nicht sehr viele, aber wir spüren ein zunehmendes Interesse. Je nach Bedarf gibt es Angebote, die sich auf gute und günstige Pflege spezialisiert haben, oder eben welche wie unser Resort, das eher ein Rundum-Paket für junggebliebene und aktive RuheständlerInnen anbietet. Bei uns wohnen im Moment rund 200 Singles und Paare, die eine Hälfte aus Deutschland, die andere aus der Schweiz. Alle haben ihre eigenen vier Wände, mit eigener Küche. Für ein Wohnrecht auf Lebenszeit beziehungsweise auf 30 Jahre zahlt man je nach Größe ab 110.000 Euro bis 200.000 Euro, plus Nebenkosten. Mit einer Rente um 2.000 Euro netto im Monat kann man hier ein sorgloses und abwechslungsreiches Leben führen.

Was ist hier denn besser als in Deutschland?

Das Wetter ist kein Thema! Das ist hier fast immer gut. Die Menschen sind in der Regel entspannt, kommunikativ und weltoffen. Die medizinische Versorgung in Thailand ist hervorragend. Entscheidend ist aber: Hier kann jeder machen, was er will. Wer ungern kocht, geht in unseren hauseigenen Restaurants essen, wer seine Wäsche nicht alleine erledigen möchte, kann auch hier einen Service hinzubuchen. Natürlich kann jeder gemütlich am Pool liegen, auf einem der zahlreichen Plätze in der Umgebung Golf spielen oder Ausflüge zu den Stränden in der Umgebung machen. Auch wer nicht mobil ist, kann mit unserem Shuttelbus an den Strand oder zum Einkaufen fahren. Es gibt ein großes Freizeitangebot von Bingo über Karten- und Sportturniere bis zu gemeinsamen Fernseh- oder Kinoabenden. Langweilig oder einsam wird es hier nie. Wer Besuch von daheim bekommt, der kann Zimmer im angeschlossenen Hotel buchen. Also immer vorausgesetzt, man hat eine gute Rente, dann fehlt es hier an nichts.

Was raten Sie den Menschen, wenn Sie übers Auswandern nachdenken?

Auszuprobieren, wie das Leben und der Alltag sich in dem jeweiligen Land anfühlen, ist wichtig. Man sollte unbedingt für ein paar Wochen, besser noch für zwei Monate in das Land reisen und sich in die Wohnanlage einbuchen. Die fremde Kultur wirkt auf jeden anders, und Menschen, die früher nicht viel gereist sind, tun sich möglicherweise schwer.

Es ist sicher ratsam, bereits mit Anfang 60 umzusiedeln. Dann fällt die Umstellung auf das Klima und das Ambiente leichter. Auch ist es einfacher, neue Bekanntschaften aufzubauen. Solange man mobil und aktiv ist, kann man die Vorteile Thailands mit den traumhaften Landschaften auskosten.

Die organisatorische Vorbereitung ist enorm wichtig. Eine private Krankenkasse ist unerlässlich – manche Versicherungen haben Ausschlusskriterien, und ab 80 ist es nicht mehr möglich, sich privat zu versichern.

Und was denken wir?

- **Christiane**

  Pro: Man bleibt geistig fit und angeregt durch immer neue Eindrücke und Herausforderungen.
  Immer Sonne und Meer – das finde ich herrlich.
  Contra: Zuhause ist für mich da, wo die Freunde sind.
  Alles auszudiskutieren strengt mich an.
  Zu weit weg von meinen rheinischen Wurzeln.

- **Barbara**

  Pro: Einsam wird man in Gemeinschaften wohl nie.
  Thailand wäre wie Dauerurlaub.
  Contra: Viel Gemeinschaft verpflichtet. Regelmäßige Abende und Aktivitäten wären mir lästig.
  Ich will in keiner deutschen Enklave leben. Die Sonne geht mir irgendwann auf den Keks.

AUSWANDERN

2018 bezogen **240.000 deutsche Rentner** ihre Renten **im Ausland**. Binnen zehn Jahren ist die Zahl damit um ein Viertel gestiegen.[15]

Niedrige Lebenshaltungskosten sind für viele der Hauptanreiz.[16]

Pflegeleistungen sind in Polen oder Thailand günstiger als in Deutschland. 35 Quadratmeter mit Bad und Vollverpflegung, Wäscheservice und WLAN kosteten 2019 im Senioren- und Pflegeheim »Erania« in Ustronie Morskie in Polen monatlich 1.470 Euro – vergleichbare Leistungen in Deutschland **mindestens das Doppelte.**[17]

Länder der EU, denen es nicht so gut geht,
wie Griechenland und Portugal, bieten für Rentner
attraktive **Steuersparmöglichkeiten.**
Wer jedoch weniger als sechs Monate im Jahr
im Ausland verbringt, muss
seine **Steuern in Deutschland** zahlen.[18]

Auslandskrankenversicherungen zahlen
in der Regel **nur eine Grundversorgung** –
keine Zusatzleistungen. Außerhalb Europas ist eine
private Krankenversicherung nötig.[19]

Fehlende Sprachkenntnisse
können zur Isolation führen.
Kulturelle Barrieren
gehören zum Alltag.[20]

Fakten-check

AUSWANDERN

Gemeinschaften sind zu einer weltweiten Bewegung geworden, *mehr als 12.000* gibt es schon, mehr als ein paar Dutzend allein in Deutschland.

Platz 1 auf der Motivationsskala für eine Gemeinschaft: Die meisten erhoffen sich in dieser Lebensform mehr Möglichkeiten zur *Selbstverwirklichung*.
Platz 2: Die Suche nach finanzieller und sozialer Heimat und *Geborgenheit*.
Platz 3: Der Wunsch nach *Persönlichkeitswachstum*.

Wer den deutschen Wohnsitz aufgibt,
ist hier nur *beschränkt steuerpflichtig*,
verzichtet dann aber auf Steuervorteile wie Freibeträge.

Achtung: Steuerrecht stets aktuell checken
und sich ggf. freiwillig im
Wunschland versteuern lassen![21]

In Panama beispielsweise
zahlen Rentner *keine Steuern
auf Auslandseinkommen*,
damit müssen zwar keine Mieteinnahmen
versteuert werden, die *Rentenbezüge*
allerdings *in Deutschland* schon.

www.wohnen-im-alter.de
www.deutsche-im-ausland.de
www.beste-seniorenheime.de
www.dvka.de/de/versicherte/rentner/rentner.htm

Nach-
gefragt
bei ...

– URSULA –

*76 Jahre, ehem. Sparkassenangestellte,
verheiratet, 2 Söhne, wohnt mit ihrem Mann
im Eigenheim in Ostwestfalen-Lippe*

**Wie würden Sie Ihr Lebensgefühl im
Alter beschreiben?**

Ich fühle mich frei und unabhängig und genieße die Zeit
ohne Verpflichtungen. Ich bin körperlich und geistig fit. Ich
muss mir keine großen Sorgen machen.

**Was gefällt Ihnen besonders in dieser Phase,
was ist das Privileg des Alters?**

Früher war ich in meinem Alltag eingebunden, alles hat
sich nach der Familie ausgerichtet. Ich habe bis 60 gearbeitet, danach habe ich mich ehrenamtlich bei der Volks-

hochschule engagiert, um dort Studienreisen auszuarbeiten und zu begleiten, in Deutschland und auch der ganzen Welt. Das war für mich eine ideale Möglichkeit, mich weiter einbringen zu können und unter Menschen zu kommen. Die Volkshochschule war dankbar für mein Engagement, und mir hat es Freude gemacht. Letztes Jahr habe ich dann aber damit aufgehört, weil irgendwann auch Schluss sein muss. Die Verantwortung wurde mir zu groß. Ich bin finanziell unabhängig, und ich kann immer noch viel reisen, mit Gruppen, einer Freundin oder auch mit meinem fünf Jahre älteren Mann.

Was missfällt Ihnen am Alter, bereuen Sie etwas?

Die Kraft lässt langsam nach, meine Freunde sterben einer nach dem anderen, oder sie werden krank. Das ist schlimm. Ansonsten bin ich zufrieden. Manchmal möchte ich noch so jung sein wie meine Enkeltochter, ich würde mehr Sprachen lernen und mir vielleicht auch einen anderen Beruf suchen. Mit dem Wissen von heute wäre ich vielleicht fleißiger und besser in der Schule gewesen.

Was macht Sie heute glücklich?

Wenn ich mich mit Freunden nett unterhalten kann, ist das schön. Reisen machen, Besuch bekommen, einen Tag gemeinsam verbringen – auch das macht mich froh. Es ist wichtig für mich, dass ich meinen Mann noch habe. Wir können reden, etwas gemeinsam unternehmen. Ich bin nicht alleine.

Was ist aus Ihrer Sicht und Ihrer Lebenserfahrung heraus generell wichtig für ein gelungenes und erfülltes Leben?

Immer wenn es Streit oder Differenzen gibt, sollte man einen Kompromiss finden, nicht immer auf dem Recht beharren. Ich finde es wichtig darauf zu hören, was einem gut tut und nicht nur die Karriere im Blick zu haben. Vielleicht sollte man auch mal auf eine Gehaltsstufe verzichten, um glücklicher zu sein. Ich wollte unbedingt Kinder, und sie sind beide gut gelungen, haben ihre Berufe, sind unabhängig und gesund. Familie ist wichtig – auch weil ich es jetzt genieße, Enkelkinder zu haben. Das möchte ich nicht missen, es gibt mir einmal mehr einen Lebensinhalt. Unsere Freunde ohne Kinder vermissen dies nämlich und schauen ein wenig neidisch auf uns.

Wie gestaltet sich Ihr Alltag als Rentnerin, und inwieweit deckt sich das mit den Vorstellungen, die Sie im Vorfeld hatten? Was ist schöner, was schwieriger als erwartet?

Ich mache Yoga, gehe walken und gehe zur Aqua- und Rückengymnastik, ich fahre viel Rad. Jeden Tag mache ich eine Sporteinheit, dazu hatte ich früher nicht so viel Zeit. Ich habe jetzt mit Bridge begonnen, um meinen Geist fit zu halten und um auch noch andere Menschen kennenzulernen und meinen Bekanntenkreis zu erweitern. Ich wollte eigentlich noch mehr Ehrenämter übernehmen, in der Altenpflege oder bei der Tafel – aber dann fehlte die Zeit. Mir ist es wichtig, auch spontan sein zu können und nicht stets oder oft zeitlich verpflichtet zu sein. Einen Tag in der Woche ehrenamtlich zu arbeiten, reicht aus. Mein Zeitablauf hat sich als Rentnerin verändert. Ich nehme mir Zeit fürs Frühstück, und vor zehn Uhr gehen wir nicht aus dem Haus.

Gibt es einen Plan, wenn Sie nun doch alleine blieben oder krank werden? Haben Sie heute schon konkrete Pläne für diese Lebensphase?

Nein, ich habe mache mir keine Gedanken. Mein Mann und ich möchten im Haus bleiben, solange es irgendwie geht. Da wohnen wir seit 40 Jahren. Wir haben einen großen Garten, pflanzen Gemüse und Kartoffeln an. Die Gartenarbeit können wir beide noch mit Freude erledigen. Wir haben einen großen Freundes- und Bekanntenkreis. Unsere Sportgruppen sind in der Nähe. Wir fühlen uns im Zuhause wohl, und wir haben Platz für die Familie, wenn sie uns besucht. Die Kinder und unsere zwei Enkelkinder kommen mehrmals jährlich vorbei.

Ich erwarte von meinen Kindern nicht, dass sie mich später pflegen. Die stehen ja alle im Beruf und haben ihr Leben. Ich will nicht abhängig von den Kindern sein, sie sollen zu nichts verpflichtet sein. Ich denke, wahrscheinlich muss ich kurz vor dem Ende ins Altenheim oder Pflegeheim. Oder ich gründe eine Alten-WG, vielleicht mit jemandem aus dem Freundeskreis – darin macht dann jeder das, was er kann. Das wäre ideal. Vielleicht könnten wir gemeinsam auch eine Pflegekraft beschäftigen, jemanden aus Polen vielleicht. Aber konkret etwas vorbereitet habe ich nicht, das sehen wir dann, wenn es so weit ist.

Was würden Sie heute Jüngeren als Rat mit auf den Weg ins Älterwerden geben?

Ich denke, man muss positiv denken, es geht immer irgendwie weiter. Einen Plan zu machen, das kann ich mir nicht vorstellen. Es kommt ja doch alles anders.

Was bedauern Sie rückblickend?

Ich hätte gerne mehr Sprachen gelernt, dann könnte ich mich auf Reisen besser verständigen und die Menschen dort besser verstehen. Außerdem hätte ich gerne ein Instrument gelernt, Klavier oder Gitarre. Jetzt im Alter fällt mir das Lernen sehr schwer, ich kann mir nicht so viel merken. Manches vergesse ich sofort, das ärgert mich auch.

Worauf sind Sie stolz?

Alles ist so gekommen, wie ich es mir gewünscht habe: Ich habe eine Familie mit Kindern, einen guten Beruf, ein Haus, eine sichere Rente. Das haben mein Mann und ich uns hart erarbeitet. Wir haben, als wir jung waren, auf vieles verzichten müssen, um das Haus zu bauen, da haben wir ja auch nicht so viel Geld verdient. Dass ich so gesund bin, das sehe ich als Geschenk an, aber ich bemühe mich natürlich, zufrieden zu sein, Kontakte zu halten und gesund zu leben.

– SIGURD –

80 Jahre, ehemaliger Fluglotse,
3 Kinder, 2 Enkelkinder

**Wie würden Sie ihr Lebensgefühl im Alter
beschreiben?**

Als gut situierter Pensionär mit ebensolcher Ehefrau in
schuldenfreiem Wohneigentum – sehr positiv!

**Was gefällt Ihnen besonders in dieser Phase,
was ist das Privileg des Alters?**

Es gibt keine Pflichttermine mehr, und um die Erziehung
der Kinder muss ich mich jetzt auch nicht mehr kümmern.
Ich genieße vor allem die Ungezwungenheit in dieser Lebensphase.

Was missfällt Ihnen?

Die altersgemäß fortschreitenden Degenerationserscheinungen stören mich.

Was macht Sie heute glücklich?

Tiefer, erholsamer Schlaf und ein spannungsfreier Alltag tun mir gut und machen mich froh.

Was macht Ihre Beziehung/Ehe heute anders, also schwieriger oder leichter als früher?

Der ungezwungene persönliche Wirkungs- und Freundeskreis macht das Leben leichter.

Welche Rolle spielt die Einsamkeit in Ihrem Leben?

Keine!

Was ist aus Ihrer Sicht und Ihrer Lebenserfahrung heraus generell wichtig für ein gelungenes und erfülltes Leben?

Stets aufs Neue neugierig zu sein, auch auf sich selbst, und Antworten auf neue Fragestellungen zu finden: Das bereichert das Leben.

Wie gestaltet sich Ihr Alltag als Rentner und inwieweit deckt sich das mit den Vorstellungen, die Sie im Vorfeld hatten? Was ist schöner, was schwieriger als erwartet?

Wegen langer Vorbereitungszeit auf die Zeit als Rentner spüre ich keine signifikanten Veränderungen. Ich bin bereits seit circa 30 Jahren in Pension.

Gibt es einen Plan, wenn Sie krank oder pflegebedürftig werden? Haben Sie heute schon konkrete Vorstellungen für diesen Fall?

Eher nicht! Bei Verlust der persönlichen Autonomie werde ich mich lieber für einen selbstbestimmten Exitus entscheiden.

Was bedauern Sie rückblickend?

Eher nichts!

Worauf sind Sie stolz?

Auf meine berufliche Entwicklung: vom Bergmann zum Fluglotsen!
    Ich bin stolz, mit meiner lieben Frau leben zu können und gut geratene Kinder zu haben.

– STEFANIE –

*55 Jahre, Lehrerin, frisch verliebt,
2 erwachsene Töchter*

**Wenn Sie ans Älterwerden denken, worauf freuen
Sie sich?**

Na ja, so richtig freuen kann ich mich nicht … Meine beiden Eltern wurden im Alter dement und ich muss miterleben, wie geliebte Menschen sich verändern, »verfallen« und selbst stark darunter leiden, bis sie irgendwann nur noch in ihrer eigenen Welt leben, zu der wir keinen Zugang haben.

Sollte mir dieses Schicksal erspart bleiben, bin ich überaus dankbar und freue mich auf einen entspannten Lebensabend – hoffentlich im Kreis meiner Kinder und Enkel.

Was verunsichert Sie oder treibt Sie um?

Zum einen verunsichert mich die oben erwähnte Angst vor unberechenbaren Krankheiten. Dann bin ich in Sorge, ob das Geld reicht und wo, wie und mit wem ich leben werde. Aber grundsätzlich denke ich positiv und habe keine Angst davor, alt zu werden.

Haben Sie heute schon konkrete Pläne für diese Lebensphase?

Nicht wirklich. In meinem Leben ändert sich gerade sehr viel und es kann sein, dass alles ganz anders wird, als ich dachte. Aber ehrlich gesagt, es wäre besser als erhofft. Denn wider Erwarten habe ich einen neuen Mann kennengelernt, der an einem wunderschönen Ort in Italien lebt – und vielleicht werde ich ja dort, gemeinsam mit ihm, alt. An so etwas hatte ich nie gedacht, es klingt aber verlockend und stellt derzeit eigentlich alles auf den Kopf. Aber konkrete Pläne mache ich nicht, das ist einfach nicht meine Art.

Was wäre Ihre Wunschvorstellung für das Älterwerden und Ihr Leben darin, wenn Sie frei wählen könnten?

Mein größter Wunsch wäre ein gesundes Älterwerden, das ich bewusst erleben kann. Ich möchte entspannt Zurückblicken auf ein Leben, das ich so gelebt habe, wie ich es immer wollte. Ich hoffe, dass ich nicht bereuen muss, Dinge nicht getan zu haben, obwohl ich sie eigentlich tun wollte. Denn dann kann ich dem Älterwerden auch positive Seiten abgewinnen: ein entspannter Blick auf das Leben und die Dinge, die wirklich wichtig sind. Ich wünsche mir, dass ich irgendwann einmal ein Lächeln in den Gesichtern derjenigen hinterlassen kann, die an mich denken – so möchte ich im Alter sein.

Was tun Sie schon jetzt, um sich auf das Älterwerden vorzubereiten?

Ich versuche, möglichst gesund zu leben, aktiv zu bleiben, aber nicht dem Jugendwahn zu verfallen. Wir sind alle so davon besessen, jung zu bleiben, das finde ich bedenklich. Ich versuche, enge Kontakte zu Freunden und Familie zu halten, so dass ich nicht einsam bin, falls ich mal allein leben werde. Ich spreche mit Freunden und Familie über Möglichkeiten, im Alter zu leben, ohne den Kindern zur Last zu fallen.

Nach-
gefragt
bei ...

– HANNELORE –

68 Jahre, 3 Kinder, 2 Enkel,
ehemalige Lehrerin

Wie würden Sie Ihr Lebensgefühl im Alter beschreiben?

Ich empfinde große Dankbarkeit: dafür dass ich in einem Land leben darf, in dem ich von meiner Pension gut leben kann; dafür dass mein Mann und ich bisher ohne große Krankheiten das Leben genießen; für die guten Kontakte zu meinen Freundinnen und Nachbarn; für die vielseitigen Angebote in Kultur, Sport und Bildung.

Was gefällt Ihnen besonders in dieser Phase,
was ist das Privileg des Alters?

Ich empfinde es als großes Privileg, ohne fremden Zeitdruck zu leben!

Was missfällt Ihnen?

Ich bedauere die körperlichen Einschränkungen des Alters, zum Bespiel Probleme mit den Zähnen oder Arthrose.

Was macht Sie heute glücklich?

In Frieden und relativer Sicherheit zu leben ist ein Privileg, genauso wie Theater, Museen und Bibliotheken nutzen zu können. In der Sonne sitzen, ein gutes Buch und eine Tasse Tee machen mich glücklich, auch mit lieben Menschen zu diskutieren und meine Kinder und Enkel wachsen zu sehen.

Was macht Ihre Beziehung/Ehe heute anders, also schwieriger oder leichter als früher?

Wir haben einen gemeinsamen Lebensteil und einen jeweils sehr individuellen. Die Schwierigkeit ist, beides im Gleichgewicht zu halten. Aber das ist heute ohne Kinder im Haus und ohne festen Arbeitstag viel leichter.

Welche Rolle spielt Einsamkeit in Ihrem Leben?

Ich habe bisher das große Glück gehabt, immer von lieben Freunden, Freundinnen, Nachbarn, früheren Arbeitskolleginnen, den Kindern und meinem Mann umgeben zu sein.

Was ist aus Ihrer Sicht und Ihrer Lebenserfahrung heraus generell wichtig für ein gelungenes und erfülltes Leben?

Einen Beruf zu finden und auszuüben, den man wirklich gern macht und bei dem man ausreichend verdient, um ohne große Sorgen leben zu können. Menschen zu finden, mit denen man gerne zusammen ist. Auf seinen Körper zu achten. Verantwortung zu übernehmen, auch politisch beziehungsweise gesellschaftlich.

Wie gestaltet sich Ihr Alltag als Rentnerin und inwieweit deckt sich das mit den Vorstellungen, die Sie im Vorfeld hatten? Was ist schöner, was schwieriger als erwartet?

Eigentlich ist es so, wie ich es mir vorgestellt habe. Ich hätte allerdings nicht gedacht, dass mir der Abschied von meiner Arbeit als Lehrerin so leichtfallen würde. Mein Mann und einige Freundinnen sind vor mir in Rente gegangen. Sie haben mir vorgelebt, wie es geht, und schon viele Pläne gemacht für die Phase, in der ich endlich mehr Zeit habe.

Gibt es einen Plan, wenn Sie krank oder pflegebedürftig werden? Haben Sie heute schon konkrete Vorstellungen für diesen Fall?

Ich habe eine Betreuungs- und eine Patientenverfügung. Ich würde in ein Alters- oder Pflegeheim gehen. Ich könnte mir aber auch eine Helferin zu Hause vorstellen.

Was würden Sie heute Jüngeren als Rat mit auf den Weg ins Älterwerden geben?

Rechtzeitig an die Finanzierung der Rente zu denken. Gesund zu leben. Gute Kontakte zu pflegen.

SELBSTVERSUCH
»SICH NEU ERFINDEN«

Die Sonne leuchtet goldgelb über dem Wasser. Die Ostsee ist glatt. Wolken spiegeln sich im Meer. Vereinzelte Möwen kreischen und zerschneiden die Stille dieses Morgens. Eine leichte Brise streift über den Sand. Es ist 7 Uhr. Strandgymnastik. Das ist unser erster Programmpunkt des Tages. Vor uns liegt eine echte Herausforderung, auf die wir gespannt sind. Eine Woche Fastenwandern auf Rügen mit Maya Fassmann. Eine Frau, die uns im Zuge unserer Recherchen neugierig gemacht hat. Mit Mitte 50 ist die studierte Historikerin auf die Insel ausgewandert. Gemeinsam mit ihrem Mann. Sie hatten sich für ein neues Lebensmodell entschieden, einen radikalen Richtungswechsel. Einen neuen Abschnitt, der ihr Älterwerden auf gute, auf andere Weise formen sollte.

Viele reden nur davon, denn es ist gar nicht so leicht, sich im Alter neu zu erfinden. Oft verpufft die Euphorie im Zuge der Widrigkeiten, die Veränderung in der Regel begleiten. Sehen wir die Chance oder das Risiko?

Maya sah die Chance und ließ sich als Yogalehrerin und Fastenleiterin ausbilden. Etwas, das sie als Idee schon länger in sich trug. Irgendwann hat sie sich von ihrem alten Leben verabschiedet und in ihr Neues eingefädelt. Entschlossen. Zielgerichtet. Sämtliche Sozialkontakte ließ sie hinter sich. Freunde. Kollegen. Vielleicht geht ein neues Leben ja nur so.

Wir jedenfalls wollten wissen, ob sich ihre Vorstellung erfüllt hat. Ob ihr Traum funktioniert. Ob sie hier einen schöneren Platz, ein besseres und sanfteres Umfeld fürs Älterwerden fand. Wäre das vielleicht auch ein Weg für uns? Eine Überlegung, die wir ins Kalkül ziehen könnten? Denn jedes Leben, auch das erfüllte, hat ja noch Potenzial, das brachliegt. Ungelebtes Leben, das vielleicht auf eine Chance, auf einen Plan wartet?

Also haben wir uns angemeldet zu dieser Fastenwanderkur, stehen an diesem ersten Tag da am Strand auf Rügen und sind gespannt, welche Erkenntnis uns hier begegnen wird.

Wir stellen uns mit unseren Mitstreiterinnen im Halbkreis auf und folgen Mayas Anweisungen. »Und nun umarmen wir die Welt«, ruft Maya, spreizt ihre Arme weit auseinander, atmet tief ein und richtet ihren Blick lächelnd gen Himmel. Wir beide schauen uns an inmitten einer Gruppe von Frauen mittleren Alters. Die meisten sind so alt wie wir. In ihren 50ern. Verheiratet. Geschieden. Ohne oder mit Kindern, die das Haus bereits verlassen haben oder gerade im

Aufbruch sind. Alle in einer Art Schwebezustand in ihrem Leben. Das eint uns. Noch im Job, noch in einem pulsierenden Alltag, und doch liegt vieles auch bereits hinter uns. Wir rücken vor, immer weiter. Das Älterwerden legt sich wie ein sanfter Firnis über uns.

In solche Gedanken versunken, schwenken wir unsere Arme ausladend im Halbkreis an diesem schönen Sonntagmorgen. Eingepackt in dicke Jogginghosen und praktische Übergangsjacken, bunte Mützen auf dem Kopf. Zugegeben: Wir sahen schon mal besser aus, und früher hätten wir diese Szenerie vielleicht belächelt. Aber jetzt ist es anders. Im Älterwerden öffnet sich wohl so manche neue Schleuse. Warum nicht mal die Welt umarmen? Schaden kann es nicht. Also atmen wir tief ein und öffnen unsere Arme weit. Und ganz ehrlich? Es tut gut.

Im Alter sollten wir mehr denn je die Zügel in die Hand nehmen und den Rest der Welt Rest sein lassen. Bewusst leben, unbeirrt nach unserem Kompass. Ballast abwerfen, der uns stört oder unseren Blick auf gewachsene Vorlieben verschleiert. Wie oft sind unsere Leben aus dem Ruder gelaufen? Wie oft haben wir schlechte Entscheidungen gefällt, falsche Konsequenzen gezogen und an anderen vorbeigelebt? Wie oft haben wir an Menschen und Dingen festgehalten, sind Ideen getrieben hinterhergerannt, anstatt sie loszulassen? Wie viele falsche Sehnsüchte haben wir bedient, statt neue zu entdecken? Wir haben Löcher gestopft, Krater umrundet, Wahrheiten übertüncht. Wo waren da die schwerelosen Gedanken, die Gefühle, die uns idiotisch glücklich sein lassen? Wer waren die Krafträuber? Wer die Kraftspender? Und wer sind sie jetzt? Was uns heute glücklich macht, zeigt sich wohl erst mit den Jahren. Den vielen Jahren. Also reißen wir doch die Fenster auf, lassen frische Luft herein und atmen tief.

Zufrieden schlendern wir zurück ins Hotel. Es gibt warmen Tee.

Erkenntnisse des Tages

- ★ *Loslassen wird immer wichtiger.*
- ★ *Uns ist nichts mehr peinlich.*

Maya ist eine leise Frau. Verschmitzt. Sie wirkt zufrieden. Bereichert von ihrer Spiritualität. Erfüllt von dem, was sie hier tut. Aber ist sie das wirklich? Neulich hat sie sich die Haare gefärbt. Hinten schwarz. Vorne pink. Sie schert sich nicht mehr um die Meinung anderer. Das denken wir jedenfalls. Alter befreit. Im Alter schlägt man offensichtlich nach Lust und Laune hemmungslos auf. Wer soll da schon störend hineingrätschen? Ihre Ehe aber ging dennoch schief. Ihr gemeinsamer Plan hatte sie und ihren Mann einst zu Komplizen gemacht, aber bis zum Ende reichte der Entwurf nicht. Jedenfalls nicht für beide. Ihr Ehemann verließ die Insel. Maya blieb.

»Ich komme damit zurecht«, sagt sie uns eher beiläufig. Dabei war es eine lange Ehe gewesen. Mit Sehnsüchten und Träumen, mit Plänen und Widrigkeiten und der immerwährenden Hoffnung, dass die Liebe ihren Weg schon finden wird. Wird es wohl leichter, wenn man im Alter auf eine Schwelle gestoßen wird und von einem Leben in ein anderes gleitet? Unfreiwillig? Wenn da ein Leben abgeschnitten wird, das einst verzahnt mit dem eigenen war? Vielleicht fällt Trennung im Alter tatsächlich leichter. Einfach, weil man fester im Sattel sitzt? Diese Finsternis, diese dürren Felder, die wir nach Trennungen beackert haben, die uns oft den Atem und die Würde nahmen – diesen zermürbenden Abschiedsschmerz mit seinen weiten, leeren, zehrenden Sonntagen braucht niemand mehr im Älterwerden. Vielleicht wird irgendwann klar: Wir lassen los, was wir nicht festhalten können. Und wer uns nicht will, hat uns nicht verdient. Punkt. Wir konservieren die Vergangenheit, schütteln uns, schreiten weiter und umarmen die Welt. Wen sollten wir in so einem Moment auch sonst umarmen? Zwischen Bleiben und Gehen liegt ja immer Veränderung und Neuausrichtung. Und im Alter ist es doch sicher das Beste, all das in die Arme zu schließen. Die abgrundtiefen Veränderungen lassen uns ja nur noch wanken, aber nicht mehr fallen. Als wir beide uns damals von den Vätern unserer Kinder trennten, dachten wir eine ganze Weile, dass alle anderen zu zweit glücklich wären. Nur wir nicht. Man muss wohl erst in die Jahre kommen, um zu kapieren, dass dies ein Trugschluss ist. Maya jedenfalls scheint ihren Ruhepuls längst gefunden zu haben. Auch ohne Mann.

»Heute feiern wir unsere Glauberparty«, verkündet sie munter nach Strandgymnastik und anschließender Yogastunde im Wintergarten des Fastenhotels. Glaubern heißt abführen. Den Darm entleeren. Ein Kernvorgang für jeden, der fastet. Erst dann kann die Reinigung beginnen. Es ist wie beim Schlussverkauf: Alles muss raus, und Maya macht daraus für uns alle ein Fest. Aus Schlechtem etwas Gutes machen. Das könnte ein gutes Rezept für die Zukunft sein.

Mit den anderen stehen wir im Kreis. Zur völligen Darmentleerung hat Maya für jeden von uns einen Cocktail vorbereitet. Glaubersalz – dosiert nach Gewicht und Größe, in einem beängstigend voluminösen Glas Wasser aufgelöst. »Und nun trinken alle das erste Drittel«, ruft sie fröhlich in die Runde. »Prost!«. Wir heben die Gläser, manche halten sich die Nase zu. Runter damit. Schluck für Schluck. Es ist eklig. Gierig beißen wir in Zitronenschnitze, um nicht zu würgen. Die erste Runde ist geschafft. Maya beginnt hemmungslos zu singen. Die Polonaise beginnt.

Maya tanzt vorneweg, wir hinterher. Es gibt Situationen im Leben, da gibt es einfach kein Zurück. Da geht es nur vorwärts. Der Wintergarten ist in diesem Moment unser Wallfahrtsort. Tabus waren gestern, und so stimmen wir beide lauthals in den Kanon ein. »Viel Glück und viel Segen ...« Bis zur nächsten Runde.

Irgendwann ist das Glas endlich leer. Das Warten beginnt. Wir ziehen uns in unsere Zimmer zurück. »Jeden Toilettengang zählen und mir dann berichten!« ruft Maya hinterher. »Nur wenn der Darm blitzblank geputzt ist, fühlt ihr euch gut und befreit.« Wir hoffen, sie hat Recht.

In der Dunkelheit sitzen wir müde und entleert auf unseren Betten und sinnieren über den vergangenen Tag. Unser Gefühl sagt uns: Maya hat hier tatsächlich ihre Berufung gefunden. Etwas, das sie im Alter auf sinnvolle Weise beschäftigt und durch die Jahre begleitet. Sie hat keine Kinder, keine Enkel. Sie ist selbst für ihr Älterwerden verantwortlich und hat es in die Hand genommen. 30 Wochen pro Jahr führt sie Frauen wie uns durch eine Zeit, die ihnen guttun und im besten Fall neue Horizonte eröffnen soll. Sie schöpft aus einem Fundus, von dem sie überzeugt ist, und gibt ihn weiter – an Menschen, denen das wirkliche Älterwerden noch bevorsteht. Maya ist uns voraus und folgt einer für sie verlässlichen Spur. Ihrer Spur. Ob wir die im Alter auch finden?

Erkenntnisse des Tages

* ★ *Jedes Leben enthält ungelebtes Potenzial.*
* ★ *Eine Zitrone kann dir die letzte Mahlzeit versüßen.*

Am nächsten Tag sitzen wir nach einer längeren Küstenwanderung beim »Abendessen«. An unserem Tisch hocken wir mit Helga, Renate und Beate vor unserer ungewürzten, durchsichtigen Fastensuppe und sprechen über das Alter und wie wir darin leben wollen. Helga wohnt auf dem Land in der Abgeschiedenheit. Mit ihrem Mann, ihren beiden fast erwachsenen Töchtern und ihrer Schwiegermutter. Sie engagiert sich im Pfarramt, kümmert sich um die Familie und den großen Garten. Früher jobbte sie im Altenheim. Das Elternhaus ihres Mannes hatten sie abgerissen und auf das Grundstück ihr Zuhause gebaut. Ein Hort für die Zukunft. Ihr Leben wirkt geordnet. Harmonisch. Eine funktionierende Idylle, die sich selbst genug zu sein scheint. Ein sympathisches Leben, das vorausschauend seinen Lauf nimmt. Aber Helga würde das große Haus gerne eintauschen in eine Stadtwohnung, wenn die Kinder ihrer Wege gehen. Sie meint, der Garten, das große Grundstück würde ihr im Alter zu viel. Aber ihr Mann spielt nicht mit. Er hängt am Haus, am Umfeld und an der Erde, auf der er einst groß geworden ist.

So etwas kennen wir beide nicht wirklich. Eine ungefähre Idee von geordnetem Dasein in der Stadt gab es mal, ja, den Versuch von so etwas wie Familie, aber unser Leben nahm andere Kurven. Die Kinder waren noch klein, als wir uns beide von unseren Männern trennten. Ab da haben wir uns mit den Kindern alleine amüsiert und oftmals durchgekämpft. In München. In der Rückschau hatten auch wir unsere eigene Ordnung, in die das Chaos eben genauso gehörte wie der Rausch des Lebens. Aber die großen Fragen bäumen sich irgendwann ohnehin für alle auf. Sie bohren sich durch jeden Lebensentwurf, klopfen leise an und manchmal lauter, als uns lieb ist. Da hilft kein Jugendwahn. Kein Körperkult. Kein Weglaufen.

Im Grunde suchen wir doch alle ein Leben lang den Schlüssel zum Ganzen – in der Hoffnung, dass wir damit dann doch irgendwann die richtige Tür zu einem erfüllten Leben öffnen, um dahinter das Glück zu finden, das währt, das kleine Stück Himmel. Aber wer bestimmt schon, wie ein gelungenes Leben auszusehen hat? Vor allem, wenn man älter wird?

Beate lebt mit ihrem Mann außerhalb Hamburgs in einem Reihenhaus. Sie ist 58. Ihr Sohn ist längst erwachsen und kommt einmal im Monat zu Besuch. Beates Mann würde gern weiter hinaus aufs Land ziehen. Er sehnt sich nach mehr Raum und Himmel. Aber Beate sagt, sie wolle nicht irgendwann alleine in der Einöde wohnen, falls sie ihren Mann überleben sollte. Sie sagt, im Alter brauche man Anbindung. Menschen drumherum. Einen Arzt. Ein paar Geschäfte. Wie wahr!

Während wir reden, unsere farblose Suppe schlürfen und am Schlaftee nippen, sortiert Maya ihre Instrumente im Yogaraum. Als Fastenleiterin begleitet sie ihre Gruppen und füttert sie mit Wissen an. Mit Vorträgen, Informationen, mit Tipps und Anekdoten. Und mit ihrem Humor, der in den nächsten Tag immer wieder durchblitzen wird, wenn wir abends völlig ermattet von Ostseewind und leeren Mägen ungeschminkt in unseren Jogginghosen ihren Worten folgen.

»Reinigung heißt Reinigung in jeder Hinsicht«, erklärt Maya. »Die Körperliche. Und die Seelische.« Sie sitzt biegsam im Schneidersitz auf ihrem Yogakissen. In der Position kann sie Stunden verharren, während wir uns erst ausgestreckt sitzend an die Heizung lehnen und alle zehn Minuten vor lauter Müdigkeit etwas tiefer rutschen. Maya ist sich für nichts zu schade und demonstriert den Vorgang der Darmspülung anschaulicher als uns lieb ist. Sie hockt auf allen Vieren und wedelt mit dem Reinigungsschlauch, durch den später lauwarmes Wasser in den Darm gleiten soll. Wir nicken uns zögerlich zu, denn wir wollen in dieser Woche ja möglichst viele Giftstoffe aus dem Körper spülen. Auch wenn es an unserer Würde kratzen wird.

In einer Fastenwoche fällt so manches Tabu. Und so zeigt uns Maya auch, wie man Schleimhäute mit einem Nasenkännchen und einem Schlauch reinigt. Mit einem Finger drückt sie das linke Nasenloch zu. »Jetzt seht ihr gleich, was passiert«, näselt sie, beugt sich vor und saugt lauwarmes Wasser in das rechte offene Loch ein. Dann lässt sie den anderen Finger los. »Und jetzt dreht das Wasser seine Runde«, ruft sie mit erstickter Stimme. Und genauso passiert es. Das Wasser läuft aus dem linken Nasenloch wieder heraus. Unsere Gruppe beobachtet die Vorstellung mit großen Augen und wir beide beschließen umgehend: Das machen wir auf gar keinen Fall.

In der Nacht träumen wir von Schnitzel und Pommes.

Erkenntnisse des Tages

★ *Hunger haben ist scheußlich.*
★ *Schläuche sind für vieles gut.*

Am nächsten Morgen schwänzen wir die Strandgymnastik. Der Morgentee, der auch den Hunger nehmen soll, dampft aus unseren Tassen. Wir sitzen im Schneidersitz und dicken Pullis auf dem Bett und schreiben unsere Eindrücke auf. Maya hat vielleicht das, was wir Altersweisheit nennen. Sie ist mit starkem Wind in den Segeln nach Rügen aufgebrochen und fand hier ihren Platz. Auch wenn sich ihr Mann irgendwann vor den neuen Ufern duckte. Sie hingegen scheint ausbalanciert durch ihr Leben zu navigieren und schenkt den Dingen Zeit. Sie bibbert nicht durch diese Lebensphase. Im Gegenteil: Sie hat einen klaren Plan. Vor ein paar Jahren kaufte sie sich in einem Yoga-Haus in Bayern ein Wohnrecht auf Lebenszeit, um dort mit Gleichgesinnten dann so richtig alt zu werden, sich auszutauschen und spirituell weiterzuentwickeln. Das Yoga-Vidya-Haus in Bad Meinberg ist Europas größtes Yoga-Seminarhaus, in dem man – unter anderem – eben auch in einer Gemeinschaft leben und alt werden kann. »In der Gemeinschaft zusammenwachsen, durch Entwicklungsprozesse gehen, sich aneinander reiben und voneinander lernen – all das und noch viel mehr zeichnet die Yoga-Vidya-Gemeinschaft aus«, so werben sie für ihre Einrichtung. Wenn man die Spiritualität mal außen vorlässt, klingt das im besten Sinne wie das Älterwerden in einer Familie, oder mit Freunden, oder einem Partner. Es klingt auf jeden Fall nicht nach Einsamkeit. Maya scheint der Gedanke gut zu tun. Sie hat einen Plan, ein Netz für später. Ausreichend Geld. Beruhigung fürs Herz, Stabilität für die eigene Zukunft.

Am folgenden Tag wachen wir sehr früh auf und können nicht mehr schlafen. Wir lesen uns gegenseitig aus dem Fastenpunktekatalog vor. Wir liegen dick eingemummelt unter unseren Decken.

»Morgenritual: nicht direkt aus dem Bett springen, es langsam angehen lassen. Mache noch im Bett einige Gelenkübungen, dann in Ruhe aufstehen.« So lautet Mayas Anweisung für den Morgen. Was für eine herrliche Ansage! Das Fenster steht weit offen. Eine kühle Brise weht ab und an bis zu unseren Betten. Die Luft riecht gut. Nach Meer und Horizont und Leichtigkeit. »Sauerstoffnahrung. Um ein Gramm Fett zu verbrennen, werden 2 l Sauerstoff benötigt«, steht im Katalog.

Einzelne Vögel beginnen zaghaft zu zwitschern. In der Ferne hören wir die ersten Möwen, die ihre weiten Kreise über den Strand ziehen. Es ist kurz nach fünf im März. Der Tag hat die Nacht noch nicht gänzlich verdrängt. Es ist dieser kurze graue Moment, bevor der Morgen das Kommando übernimmt und die Sonne die Welt in erstes rosa Licht taucht. Wir strecken uns. Langsam angehen lassen? Nichts lieber als das. Gelenkübungen? Heute nicht. Morgen wieder. Vielleicht. Aber das behalten wir für uns. Der Moment ist einfach zu schön. Um 7 Uhr beginnt die Strandgymnastik. Heute schwänzen wir nicht. Aber es bleibt noch ein bisschen Zeit. Friedlicher Stillstand im Bett. Wir summen »Easy« von

den Commodores. Es passt so gut. So müsste sich Alter anfühlen. Wie dieser Augenblick. Luftig. Schwerelos. Das wäre
schön.

>>Ooh that's why I'm easy.
I'm easy like Sunday morning.<<

Commodores

Manchmal ist es angenehm, einem vorgezeichneten Ablauf
zu folgen. Da müssen wir uns keine Gedanken machen. Jedenfalls keine Großen. Wir geben uns Mayas Chronologie
hin, ihrem Rat, ihrem Rhythmus, der uns durch den Tag
führt. Alles andere wird nach außen gespült. An die Peripherie unseres Lebens. Maya hat das für uns getestet und weiß,
dass zur inneren Einkehr Hingabe gehört. Eintauchen in den
Moment. Das Grundrauschen unseres Lebens verstummt.
Die meiste Zeit jedenfalls. Vielleicht ist das im Alter ja auch
so. Maya lebt es uns vor.

Heute ist Mittwoch. Unser »Ruhetag«. Wir sitzen beim
Frühstück und löffeln wieder unseren Fruchtsaft, den wir
mit Wasser verdünnen. Ganz langsam. So haben wir das
Gefühl, tatsächlich zu essen. Beate an unserem Tisch hat
sich fürs Basenfasten entschieden. Sie bekommt Obst
mit Mandelmus und frischem Apfelkompott. Maya durch-
kämmt den Saal mit ihrem dampfenden Topf, wie immer
bestens gelaunt. Wer basenfastet, bekommt Apfelkompott.
Wir anderen starren auf Beates gefüllte Frühstücksschüs-

sel. Noch nie haben wir etwas so Leckeres gesehen. Wir hingegen fasten nach Buchinger. Nur Flüssignahrung. Wir sind die harte, die starke Fraktion. Wir sind die Heldinnen. Das reden wir uns jedenfalls ein. Wenn schon, denn schon. Noch ein paar Löffelchen Fruchtsaft, einen letzten Schluck Morgentee. Dann ist unser Frühstück vorbei, unser Ruhetag nimmt seinen Lauf. Doch wer fastet, braucht Programm. Bewegung. Ablenkung. Sonst dringt der Hunger durch und entfaltet sich mit voller Wucht. Das haben wir schnell kapiert. Gut die Hälfte unserer Fastenwoche ist inzwischen vorbei, und heute ist der schwierigste Tag. Die Stimmung kann kippen, die Sehnsucht nach Essen ist riesig. Manche schwächeln. »Zu schnelle und unachtsame Positionswechsel vermeiden. Bei Schwindel in die Hocke gehen«, rät Mayas Fastenkatalog.

Wir beide machen ohne die Gruppe einen Ausflug zu den Kreidefelsen und warten auf das große Glücksgefühl, das uns am vierten oder fünften Tag der Fastenkur überkommen soll. Aber es kommt nicht. Schlecht gelaunt sitzen wir im Bus zum Hafen und starren aus dem Fenster. Der Steg zum Ausflugsboot wird zum Spießroutenlauf. Auf jedem Kutter verkaufen sie frische Fischbrötchen. Der Duft ist unbeschreiblich. Gebannt beobachten wir die Touristen, die hemmungslos zubeißen. Der Anblick ist kaum zu ertragen.

Auf dem Boot bestellen wir uns Früchtetee. Die Kreidefelsen können uns gestohlen bleiben. Wir denken an Essen. Auf der Rückfahrt sind wir kurz davor, wildfremde Menschen im Bus nach Bonbons zu fragen. Das muss der Tiefpunkt sein.

Es geht erst aufwärts, als wir abends mit den anderen in der heißen Sauna sitzen und unsere flachen Bäuche betrachten. Auf einmal sprechen wir über Leben und Grenzen, über Verlust, Hoffnung und das Glück des Älterwerdens.

»I wanna be high, so high.
I wanna be free to know the things
I do are right.
I wanna be free. Just me!
Whoa, oh! Babe.«

Commodores

In dieser Nacht fühlen wir uns schlank und stolz und hadern mit nichts. Auch nicht mit dem Alter.

Erkenntnisse des Tages

★ *Fehler kann man sich wohl besser verzeihen als Versäumnisse.*
★ *Wer seine Angst überwindet, kommt dem echten Leben näher.*

Am nächsten Morgen sind wir mal wieder in aller Herrgottsfrühe wach und nehmen draußen im Strandkorb Platz. Wir lieben Strandkörbe. Sie symbolisieren das Glück unserer Kindheit, die wir jeweils mit Eltern und Geschwistern in den Ferien im hohen Norden verbrachten. Noch heute ruft das Klacken von Fahnen im Wind, das Gekreische von Möwen, der Geruch von Dünen und Heide ein beseeltes Gefühl in uns hervor. Da bildet sich sofort eine Kolonie von guten Gedanken und Genügsamkeit.

Wir lehnen uns zurück und beobachten die Möwen, die erwartungsvoll auf ein Stück Brot hoffen. Sie können ja nicht ahnen, dass zwischen unserem Fastenmodus, ihrer Gier und einem schönen Stück Weißbrot gerade Welten liegen.

Wir schauen vor uns auf die glatte Ostsee und denken an Maya, die ihr Leben so radikal verändert hat. Hatte sie keine Angst vor Veränderung, wie so viele? Ist die Sehnsucht nach Neuem auch im Alter noch da? Eigentlich sind die Zeiten doch vorbei, in denen wir nochmal alles anders machen wollten: Ketten knüpfen am Strand von Thailand, Vorsitzende einer bedeutenden Menschenrechtsorganisation sein, ein Bed and Breakfast führen in den Lavendelfeldern der Provence. Andererseits: Mit ungestillten Sehnsüchten wollen wir auch nicht sterben. Also wie jetzt?

Die Möwen haben inzwischen aufgegeben und marschieren in Zweierreihen am leeren Strand entlang. Ohne Brot.

Vielleicht ist es nur eine Frage des richtigen Zeitpunkts. Maya hat ihn für sich gewählt und ihr Leben umgekrempelt, hat sich dem Älterwerden zugewandt. Damals war sie Mitte 50. Das war mutig. Und klug vermutlich auch. Und wahrscheinlich genau der richtige Lebenspunkt für einen Richtungswechsel. Jedenfalls für sie.

Aber dass man für sein Glück im Alter nicht immer radikale Veränderungen braucht, ist auch eine Einsicht. Wenn äußere Zwänge das eigene Leben nicht mehr so engmaschig diktieren, wird man wohl schnell begreifen, was man wirklich will. Und wenn nicht, könnte man sich auch fragen, was man nicht will und schauen, was übrigbleibt. Darauf bauen wir.

Wir spazieren zurück zum Fastenhotel. Unser Morgentee wartet. Heute fühlen wir uns fitter denn je. Und wir freuen uns auf das Tagesprogramm mit Yoga, Saft und einer langen Wanderung. Nichts tut weh, wie sonst schon mal. Kein Ziehen in der Schulter, kein Stechen in der Achillessehne. Unglaublich. Wir sind glücklich. Einfach so. Der Wind beginnt stärker zu wehen, Fahnen klackern, die Möwen erheben sich kreischend über das Meer. Ein Lied von Al Jarreau kommt uns in den Sinn.

»Scuse me if I sing,
my heart has found its wings.
Searchin' high and low
and now at last I know.«

Al Jarreau

Erkenntnis des Tages:

★ *Manchmal reicht ein Strandkorb zum Glücklichsein.*

Auch am nächsten Tag geht alles leicht. Selbst die Darmspülung ist nur noch Routine. Unsere Gruppe fühlt sich verbunden. Das spüren wir alle. Gemeinsam werden wir heute

Mittag das Fasten brechen. Mit einem Bratapfel. Es ist ein sonniger, heller Tag, als wir an der Küste zum Café wandern. Wolkenfetzen tanzen am Horizont. Mit unseren so sauberen, leeren Därmen sitzen wir an Holztischen. Die Einen können es kaum erwarten, weil sie endlich wieder essen und kauen dürfen. Die anderen sind ein bisschen wehmütig, denn der Bratapfel wird alles beenden und dem Darm wieder die Unschuld nehmen. Doch beim Anblick dieser duftenden, dampfenden Verheißung sagt niemand nein. Den ersten Biss zelebrieren wir ausgiebig. Es ist köstlich. Und sofort erinnern wir uns, warum wir so wahnsinnig gerne essen.

Der Nachmittag zieht sich. Wir haben wieder Appetit. Abends wird es Pellkartoffeln mit Quark geben. Erstaunlich, wie schnell Körper und Geist zurück in alte Muster fallen. Die Nacht ist satt und wohlig.

Am nächsten Morgen packen wir unsere Koffer. Am Strand ziehen die Möwen mal wieder kreischend ihre Runden. Wir atmen tief durch. Die Woche war wunderbar. Und wir sind wieder ein bisschen klüger geworden. Maya hat uns ihren Weg ins Älterwerden gezeigt. Gut gelaunt steht sie an diesem Morgen in der Tür und winkt.

Übrigens: Die Welt haben wir nach unserer Fastenkur morgens noch monatelang umarmt. Das versuchen wir jetzt mit dem Älterwerden auch.

– MAYA –

*Ihr Alter möchte sie uns nicht verraten,
nur in etwa: Richtung 70, Fastenleiterin*

**Wie kamst du auf die Idee, Fastenwandern auf Rügen
anzubieten?**

Ich war hier in Ferien. Und überall hingen große Banner, auf
denen stand: »Arbeiten, wo andere Urlaub machen.« Die haben mich geködert. Ich hatte mich zuvor schon als Yogalehrerin ausbilden lassen und so eine Spur gelegt.

**Aber das war ja doch eine sehr einschneidende
Entscheidung für deine Zukunft. Ist sie dir
schwergefallen?**

Nein, die Entscheidung, der Abschied aus meinem alten Leben sind mir sehr leichtgefallen. Ich hatte als Historikerin in

Tübingen alles erreicht, was ich erreichen konnte, und war an einem Punkt, an dem sich nichts mehr entwickelte. Obwohl ich aus der Region Tübingen komme, hatte ich später nie das Gefühl: Ich habe jetzt mein Nest verlassen! Ich hatte immer schon die Idee, im Alter auszuwandern. Auch gerne ins Ausland, um nochmal neu zu starten. Und dann ist es eben Rügen geworden.

Wie alt warst du damals, als du die Entscheidung getroffen hast?

Da war ich etwas über 50. Und ich habe es bis heute nicht bereut, weil ich relativ leicht meine Zelte abgebrochen habe.

Vermisst du heute denn etwas in diesem Leben, das du dir hier aufgebaut hast im Vergleich zu früher?

Die Schwaben vermissen immer ihre Brezeln. Es gibt hier noch mehr Auswanderer, und wir treffen uns regelmäßig und reden ständig über die Brezeln.

Aber gibt es keine Rituale, Wurzeln, Familie, die dir fehlen? Das stellen wir uns nicht leicht vor ...

Nein, nicht wirklich. Meine Familie ist sowieso überall verstreut. Ich war nie so tief verwurzelt in Tübingen. Ich habe mir vorher sehr genau überlegt, ob dieser Schritt zu mir passt und machbar ist. So eine Entscheidung in diesem Alter birgt ja natürlich immer auch Risiken: Alles aufzugeben und neu anzufangen und dann noch in die Selbstständigkeit zu gehen! Aber ich hatte einen Auftrag als Yoga- und Fastenwanderleiterin in der Tasche, als ich ging. Mit dieser Sicherheit bin ich gestartet, und alles andere hat sich ergeben.

Welche Welten haben sich denn hier für dich neu eröffnet? Was kam anders als erwartet?

Mit den Einheimischen war es anfangs nicht leicht. Ich arbeite sehr viel, und die meisten Kontakte ergeben sich über meine Arbeit. Für ein enges soziales Umfeld habe ich gar keine Zeit, eben weil ich ständig arbeite. Durch meine Yogaschule, die ich auch auf der Insel betreibe, bin ich oft abends und an den Wochenenden gebunden. Von alleine im Alltag ergeben sich so eben auch keine neuen Beziehungen oder Freundschaften.

Aber sind nicht gerade im Älterwerden soziale Kontakte extrem wichtig?

Ja, das stimmt, aber ich vermisse das im Moment nicht so und werde das eben erst später erleben, wenn ich nicht mehr arbeite. Für diese Zeit habe ich vorgesorgt: Ich habe mir einen Alterswohnsitz in einem Yogahaus in Bayern gesichert. Und dort werde ich auf viele Gleichgesinnte in meiner letzten Lebensphase stoßen. Dass dieser Plan steht, beruhigt mich.

Die Selbstständigkeit fordert sehr viel Energie und Eigeninitiative und das in einer Lebensphase, in der man nicht mehr auf so viele Kraftressourcen zurückgreifen kann. Ist das nicht wahnsinnig anstrengend?

Ja und nein. Ich würde sagen: Je mehr man sich in diesem Älterwerden fordert, desto mehr Energie kommt auch wieder. Es braucht natürlich auch Ruhephasen, aber mir geht es gut mit der vielen Arbeit.

Was sagst du aus heutiger Sicht: Was ist aufgegangen an deinem Plan und was nicht?

Also der wirtschaftliche Erfolg hat sich eingestellt, um meine Rente muss ich mir keine Sorgen machen. Aber meine Ehe hat diesen Schritt nicht verkraftet. Ich bin ja ursprünglich mit Mann und Hund hierher gekommen. Der Hund hat sich hier wohlgefühlt, aber mein Mann nicht. Und er war ja derjenige, den ich als Hort aus Tübingen noch bei mir hatte. Als die Ehe auseinanderbrach, war das schon eine riesige Umwälzung für mich. Aber heute habe ich auch damit meinen Frieden geschlossen.

Was rätst Du heute 50- bis 60jährigen, die mit einem solchen Schritt ins Älterwerden liebäugeln?

Ich ermuntere jeden zu einem Schritt ins Ungewisse! Durch das Neue kann man sich nur entwickeln! Es sei denn, Sicherheit bedeutet für jemanden alles. Mutig und entschlossen sollte man schon sein. Aber ansonsten: Ich lege jedem mit einer Idee dieses Abenteuer ans Herz.

Welche Rolle spielen denn die Finanzen dabei?

Ich habe diesen Schritt damals ohne Netz und doppelten Boden gewagt. Und es hat funktioniert.

Wie groß ist und war die Zäsur, sich innerlich von Menschen und sozialen Kontakten zu verabschieden?

Natürlich war das damals für mich ein großer Abschied. Ich habe ein riesiges Fest gemacht, und das wurde zu einem großen Abschiedsfest. Es war so, als würde ich mich dort beerdigen. Ich wusste, hier endet etwas. Aber mir war auch klar, dass es auf Rügen einen Neustart für mich gibt.

Würdest du sagen, so ein Schritt verleiht dem Alter auch nochmal einen lebendigen Schub?

Ach, ich denke nicht so viel über das Alter nach. Ich sage mein Alter eigentlich auch nie, weil man sofort klassifiziert wird. Ich glaube, man kann in jeder Lebensphase nochmal neu starten. Und das beflügelt immer. Die äußeren Lebensjahre spielen dabei für mich nicht so eine große Rolle. Im Yoga bin ich ja immer dabei, meine Lebensenergie zu steigern. Mir ist es fremd zu sagen: Jetzt habe ich dieses oder jenes Lebensalter erreicht und sollte kürzer treten.

**Und trotzdem hast du mit deinem Alterswohnsitz
im Yogahaus ja auch vorgesorgt?**

Ja, ich stelle mir das dort im Alter sehr inspirierend vor,
in diesem letzten Abschnitt dann zur Ruhe zu kommen.
Ich denke, da gibt es so etwas wie einen inneren Ratgeber,
der mir sagt: Jetzt ist es Zeit. Du hast dein Soll erfüllt und
kannst dich jetzt zurückziehen. Aber noch ist es nicht so
weit.

Also ist ein Plan B dann doch wichtig?

Ja, es war damals ein Zufall, dass dort ein Platz, ein Wohnrecht frei wurde. Da habe ich dann gleich zugegriffen. Ich
verspreche mir davon, dass ich dort lange unter Gleichgesinnten fit bleiben kann. Für mich ist das mein perfekter
Plan für diesen Lebensabschnitt. Ich will noch etwa fünf bis
sechs Jahre voll arbeiten und dann dort leben.

**Beruhigt dich, dass du diesen Platz sicher hast
und in Gesellschaft alt werden wirst?**

Ja, das ist für mich eine sehr schöne Perspektive. Ich würde
jedem empfehlen, für das späte Alter einen Plan zu schmie-
den. Das ist gut für die innere Balance. Alleine irgendwo in
einer Zwei-Zimmer-Wohnung will doch eigentlich niemand
im Alter sein.

**Was denkst du macht Menschen im Alter glücklich?
Was ist wichtig?**

Aufgaben, die man sich selbst stellen kann, die Weitergabe von eigenem Wissen an Jüngere – das empfinde ich als wichtig. Ich möchte bis zuletzt meine Erfahrungen weitergeben. Etwas zu bewirken, das erfüllt im Alter.

Was rätst du heute Jüngeren, wenn sie sich über das Älterwerden Gedanken machen?

Horcht genau nach innen und ergründet: Was macht mich wirklich glücklich? Das ist die entscheidende Frage fürs Alter. Danach sollte man handeln. Danach sollte man seine Schritte setzen. Man sollte ein Glückssucher sein. Der eine findet sein Glück im Kaninchenzüchten, der andere in seinem Garten, der nächste im Auswandern. Egal, wo man sein Glück findet, man sollte diesen Weg nehmen und gehen. So sehe ich das.

Das heißt: Für dich verkörpern Glück und innere Heimat im Alter eben nicht nur Menschen, sondern auch eine Mission, der man folgt?

Für mich haben Kinder eben nie so richtig in mein Leben gepasst. Diese klassische Familie war nicht mein Modell, deshalb habe ich auch keine Enkel im Alter. Deshalb habe ich für mich eben eine Art Ersatzfamilie gesucht. Eine spirituelle Familie, wenn man so will.

Du scheinst eine große Klarheit für diesen Lebensabschnitt zu haben?

Ja, ich habe hier meine Mission gefunden. Menschen in meinen Kursen zu begleiten, erfüllt mich sehr. Und ich lerne dabei selbst sehr viel. Über andere und über mich. Diese Begegnungen sind immer wieder spannend. Und es freut mich natürlich, wenn es Gästen nach meinen Kursen besser geht als vorher. Ich kann vieles anregen, was ihnen guttut. Das bereichert mich. Das ist sinnstiftend für mich.

Machst du dir je Gedanken über deine Gesundheit?

Ich muss zugeben, darüber habe ich mir noch keine Gedanken gemacht. Aber hier in Deutschland lässt sich ja alles irgendwie mit Pflegediensten organisieren. Das wird auch im Yogahaus funktionieren. Und wenn es mal ganz übel um mich steht, dann wird es auch dafür eine Lösung geben. Aber ich hoffe, dass ich gute Gene habe. Meine Großmutter ist immerhin 100 Jahre alt geworden.

Und was denken wir?

● *Christiane*
Pro: Ein Neustart im Alter in anderer Umgebung kann beflügelnd sein.
Contra: Die Risiken, auch die finanziellen, sind groß. Wer den Weg alleine geht, muss stark genug sein, mit einem nur sehr lockeren sozialen Netz auszukommen. Zeit für Freunde und einen Partner sind rar.

- **Barbara**

  Pro: Solch ein Neustart an einem anderen Ort hält im Alter lebendig und jung und kann die Rente aufbessern.

  Contra: Dieser Weg kann in die Einsamkeit führen.

»SICH NEU ERFINDEN«

Die Scheidungsrate ist
heute rund dreimal so hoch wie 1950.

Überproportional steigt dabei der Anteil der Ehen,
die **nach dem 50. Lebensjahr** geschieden werden.

Soziologen nennen das Phänomen:

»Grey Divorce«.[22]

 Während Männer
häufig dazu neigen,
im Hamsterrad zu verharren,
beginnen immer mehr Frauen, im Zuge
der Wechseljahre ihr Leben neu
zu strukturieren. Man nennt das die
»Gnade des Nullpunktes«.[23]

Fakten-check

»SICH NEU ERFINDEN«

Die Rentner von morgen haben *weniger Geld* zur
Verfügung – in den nächsten 20 Jahren
werden vermutlich 25 bis 35 Prozent der Senioren
auf *staatliche Hilfe* angewiesen sein.[24]

Von wegen Ruhestand: *Immer mehr Rentner
arbeiten.* Von der Jahrtausendwende
hat sich die Zahl der jobbenden Rentner verdreifacht,
jeder zwölfte verdient sich heute etwas dazu.
Die Hälfte der Altersrenten liegt 2019
unter 900 Euro im Monat.[25]

2019 gingen unter den 60- bis 70jährigen Rentnern noch 35 Prozent einer *bezahlten Tätigkeit* nach. Unter den Rentnerinnen waren es noch 20 Prozent. Fast die Hälfte dieser Frauen nennt den *Spaß an der Arbeit* als Motiv. Etwa jede fünfte Frau gab als Hauptgrund für Erwerbstätigkeit im Rentenalter *finanzielle Motive* an.[26]

Jeder vierte oder fünfte der heutigen Babyboomer ist von *Altersarmut* bedroht.[27]

– THOMAS –

*79 Jahre, ehemaliger Journalist,
2 Töchter, ein Enkel sowie eine im Folgenden
sehr häufig erwähnte Lebensgefährtin*

**Wie würden Sie Ihr Lebensgefühl im Alter
beschreiben?**

Mal so, mal so. Es schwankt von Tag zu Tag. Mal schwer
entmutigt, mal durchaus inspiriert. Jeden Morgen auf der
Bettkante frage ich mich, wie es mir heute geht. Meine
jeweilige Stimmung ist jetzt zuverlässig melancholisch
grundiert, egal wohin sie gerade tendiert. Meine Melan-
cholie hält sich keineswegs nur im Hintergrund auf. Immer mal wieder bricht sie voll durch und aus. Aber sie
ist mir heilig. Ebenso die stets präsente Sehnsucht nach
etwas Unerreichbarem. Keine Ahnung, was es ist. Ich blicke in den Spiegel und sehe mich am Rand meines Lebens

stehen. Vor mir ist kein Boden mehr. Null Zukunft. Oder fast null. Dunkle Gedanken seien normal, höre ich mich denken. An mein Ende denken. Es wegdenken. So sieht's aus. Glück ist das Gegengift, und es ist ein großes Glück, immer noch neben ihr zu erwachen. Sie hat mir versprochen, ich darf vor ihr sterben. Ist zwar egoistisch, aber so machen wir's.

**Was gefällt Ihnen besonders in dieser Phase,
was ist das Privileg des Alters?**

Dazu ein selbstgemachter Reim. Wir haben ihn an die Wohnungstür gepinnt, unsere Rentnermaxime: »Heit is so a Dog, wo ma ned muaß, wann ma ned mog«. Der Reim beschreibt ziemlich genau den Luxus, den wir als Doppelrentner genießen.

Was missfällt Ihnen?

Die grauen Haarklumpen im Abfluss. Spätherbst auf meinem Kopf! Meine zunehmende Unbeweglichkeit missfällt mir. Die lahmende Kreativität, das lahmende Hirn, die nachlassende Erlebnisfähigkeit. Vor wenigen Jahren noch durchströmten mich jubelnde Schauer, wenn ich vor einem Selbstportrait von Max Beckmann oder Lucien Freud stand. Heute steh ich davor – nichts. Fast nichts, bloß ein fernes Echo der alten Begeisterung. Es ist nicht mehr dasselbe. Alles nicht. Die Empfindungen lassen nach, wohingegen ein gewisses Leck-mich-am-Arsch-Gefühl wächst. Das missfällt mir. Es bedeutet ja eine Verarmung.

Was macht Sie heute glücklich?

Die langjährige Partnerschaft mit der Frau, die mir Tag für Tag in ihrem grünen Sessel gegenübersitzt. Sie wohnt darin. Ich bewohne den anderen grünen Sessel. Solche Zweisamkeit nenne ich Glück.

Was macht Ihre Beziehung/Ehe heute anders, also schwieriger oder leichter als früher?

Wir erfreuen uns seit jeher einer siamesischen Beziehung. Mit den Jahren sind wir womöglich noch enger zusammengewachsen. Was ist anders? Wir selbst, unsere Körper, die Sorge um den anderen, aus der schnell Angst werden kann. Ich mache mir keine Illusionen über »unsere Zukunft«. Sie bezieht sich lediglich auf morgen und übermorgen. Man feiert den Augenblick und verdrängt, so gut es geht, was da kommen mag. Meine Gefährtin kritisiert mein Gesicht, seinen Ausdruck. Sie will ein freundliches Gesicht. Ich denke gerade an Helmut Qualtinger, der einmal gefragt wurde: »Wie sehr beschäftigt Sie der Gedanke an den Tod?« Antwort: »Er ist das Thema meines Lebens.« Und ich denke: ja eben! – und fabriziere das freundliche Gesicht, das sie sehen will. Und dann sagt sie: »Schau, da kommt die Sonne!« Tja, was will man mehr!

Welche Rolle spielt Einsamkeit in Ihrem Leben?

Ich kenne eine Einsamkeit, gegen die ein Buch hilft, sagen wir: von Max Frisch. Ohne Bücher würde ich mich einsam fühlen. Aber was, wenn ich allein zurückbliebe?

Was ist aus Ihrer Sicht und Ihrer Lebenserfahrung heraus generell wichtig für ein gelungenes und erfülltes Leben?

Das »gelungene Leben« sagt mir als Begriff nicht viel. Da muss ich passen. Ich höre nur Lob- und Grabredner sprechen. Wenn einer ein Leben vorweisen kann, das nicht gescheitert ist, darf er's dann »gelungen« nennen? Ist es vielleicht eine Frage des Anspruchs, den einer an sich selbst und andere (wer?) an ihn stellen? Sind es die erfüllten Erwartungen, von wem auch immer, die ein gelungenes Leben ausmachen? So gesehen bin ich mit mir zufrieden. Mir ist mehr zugefallen (gelungen), als ich von mir erwartet hätte. Letztlich hatte ich einfach Glück. Glück haben ist lebenswichtig.

Inwieweit gestaltet sich Ihr Alltag als Rentner und inwieweit deckt sich das mit den Vorstellungen, die Sie im Vorfeld hatten? Was ist schöner, was ist schwieriger als erwartet?

Mein Alltag als Rentner ist unser Alltag als Rentner, und er gestaltet sich nach unseren Vorstellungen, ohne dass wir uns vorher etwas Bestimmtes ausgerechnet hätten. Wir haben keine festen Pläne. Der Beruf hängt am Nagel, und da hängt er gut. Das ist die Hauptsache. Der Rest ist Übereinstimmung. Zwanghaftes Reisen inklusive Kreuzfahrten käme uns nicht in den Sinn. Auch sonstige organisierte »Altersaktivitäten« liegen uns fern. Den Tag kommen lassen: Malen, Lesen, Schreiben. Manche unserer Bekannten wundern sich über uns und wir uns über sie, was sie nur immer vorhaben, unternehmen, aktiv sind! Andauernd auf Tour. Wahnsinn. Was wir nicht erwartet hätten: dass es derart abschüssig wird und wir immer rasanter ins hohe Alter rutschen. Vorerst leben wir unseren Alltag, wie es uns gefällt, allerdings mit einigen Handicaps und Einschränkungen, die man hinzunehmen hat, manchmal fluchend. Es ist vorgekommen, dass wir auf den Gehsteig zu Boden stürzten, zwei, drei Male, und wir vollführten die Stürze jedes Mal gemeinsam. Sie ist eben eine mitreißende Person, meine Gefährtin – und meine ständige Begleiterin. Ohne sie kann ich mich wegen meines nachlassenden Augenlichts kaum noch allein im Straßenverkehr bewegen. Ich verfüge über einen Schwerbehindertenausweis, den ich aber nie zücke, um in der überfüllten U-Bahn meinen für meinesgleichen reservierten Sitzplatz zu beanspruchen. Sollte es tatsächlich geschehen, dass eine junge Frau mir ihren Sitzplatz anbietet, lehne ich lächelnd ab. So alt bin ich doch mit meinen 80 oder 79 noch nicht. Aber vielen Dank! Wir haben übrigens ein Sommerprojekt, nämlich eine Stadtrundfahrt mit der Trambahn. Aber es ist immer zu heiß oder es regnet. Ich sage, die Trambahn fährt auch ohne uns. Sie sagt, das Leben geht auch ohne weiter. Frage nicht, wie lange noch …

Gibt es einen Plan, wenn Sie nun doch krank werden? Haben Sie heute schon konkrete Pläne für diese Lebensphase?

Wir hatten vor, in eine große Wohnung zu ziehen, die im Bedarfsfall Platz für eine ständige Pflegekraft geboten hätte.

Ich habe mich gegen den Umzug gesträubt, dann zugestimmt, dann wieder gesträubt. Weil ich doch so glücklich bin in der kleinen Schwabinger Wohnung im 5. Stock. Es war ein grausamer Gedanke, sie aufzugeben und wegzuziehen. Meine Prophezeiung, die emotionalen Strapazen würden mich (aus durchaus ernst zu nehmenden Gründen) überfordern, stimmte meine Gefährtin schließlich um, wir bleiben, wo wir sind, und ich bin ihr dankbar dafür. Ich weiß, es geschah womöglich gegen alle Vernunft.

Was würden Sie heute Jüngeren als Rat mit auf den Weg ins Älterwerden geben?

Die Empfehlung, den gängigen Mythen, die über das Altwerden im Umlauf sind, keinen Glauben zu schenken. Von wegen »Altersweisheit«, »Gelassenheit«, von wegen »in Würde altern«, etc. Was sollen junge Leute eigentlich glauben, wenn vom Alter die Rede ist, speziell von der privaten Vorsorge? Wie klingt die aus Medien und Politik tönende Mahnung, sich fürs Alter finanziell abzusichern? Und das in Zeiten einer anhaltenden restriktiven Geldpolitik? In Zeiten der Finanzskandale, die nach und nach jedes Vertrauen zerstören? Die Mahnungen klingen eher unrealistisch, zumal, wenn das Einkommen nicht ausreicht, um sich in Aktienfonds einzukaufen, da doch das Geld kaum für die Miete reicht.

Was bedauern Sie rückblickend?

Keine Wohnung gekauft zu haben, als es uns in jüngeren Jahren möglich gewesen wäre.

Worauf sind Sie stolz?

Auf meine Töchter, meine Eltern, auf unser schönes Leben im 5. Stock.

Nach-
gefragt
bei ...

– ANETTE –

*Marketingmanagerin, 54 Jahre, verheiratet,
2 erwachsene Kinder*

Wenn Sie ans Älterwerden denken, worauf freuen Sie sich?

Ab wann ist man älter? Laut Definition ist man ab 50 Jahren alt. Aber das Älterwerden kommt ja nicht von heute auf morgen einfach »ums Eck«, so ist auch die Freude darauf immer etwas unterschiedlich gelagert und wechselhaft. Manchmal entspannt, manchmal belastend.

Dennoch ist das Älterwerden für mich ein ganz natürlicher Prozess, den jeder ganz für sich und in seinem eigenen Tempo unterstützen und bewerten sollte. Ich freue mich manchmal auf eine verdiente Ruhephase in der Rente, um mir gleich darauf mit Bestimmtheit zu sagen, dass ich in dieser Phase aber definitiv nicht aufhören werde zu arbeiten. Ich freue mich, alles etwas langsamer angehen zu lassen, aber einen Stillstand wird es nicht geben. Ich freue mich auch auf etwas mehr Selbstbestimmtheit hinsichtlich meiner Lebenszeit, Vorgaben und Termine durch die Arbeit. Wahrscheinlich wird sich bei mir aber – alles in allem – nicht viel ändern.

Ganz definitiv bin ich keine von denen, die gerne noch einmal 20 Jahre alt wären oder irgendeinem Zeitalter nachweinen. Ich denke gerne an diese Zeiten zurück, möchte aber keinesfalls noch einmal in dieser Zeit leben.

Was verunsichert Sie oder treibt Sie um?

Wird uns die Rente reichen und werden wir gesund sein? Für ein finanzielles Polster, das eine gewisse Unbeschwertheit in dieser Lebensphase ermöglicht, sorge ich ja schon seit Jahren.

Ich tue viel für Fitness und Gesundheit – das könnte man umtriebig nennen –, aber dafür tut mir nichts weh, morgens nach dem Aufstehen.

Haben Sie heute schon konkrete Pläne für diese Lebensphase?

Nein, das habe ich nicht, ein paar Ideen, aber nichts Konkretes.

Was wäre Ihre Wunschvorstellung für das Älterwerden und Ihr Leben darin, wenn Sie frei wählen könnten?

Ich würde natürlich gerne gesund und selbstbestimmt leben und weiterhin arbeiten. Ich möchte nicht in einem Heim leben. Denkbar wäre eine Kommune oder Mehrgenerationen-Lebensgemeinschaft, wobei ich nicht weiß, ob ich diese Toleranz aufbringen könnte oder nicht einfach nur meine Ruhe möchte. Ich würde gerne in Süddeutschland leben, gerne am Rande der Alpen. Da ich kein Winterfan bin, verbringe ich die kälteren Monate im Süden. Im Moment könnte ich mir vorstellen, diese Zeit im Wohnmobil und auf Reisen zu verbringen. Wobei ich dabei nicht an Busreisen für Senioren denke.

Was tun Sie schon jetzt, um sich auf das Älterwerden vorzubereiten?

Ich sorge für eine zusätzliche Grundversorgung und halte mich körperlich fit. Mehr ist im Moment nicht geplant.

SELBSTVERSUCH MEHRGENERATIONENHAUS

Urlaub in den Siebzigern: Unser schneeweißer Ford gurgelte laut. Wenn es zu steil wurde, kam der Motor aus dem Takt und grunzte stotternd. Aber geschafft hat er noch jeden Berg, jede noch so steile Autobahn, die über die Alpen ins Paradies führte. Am besten war, wenn wir schön Anlauf nehmen konnten auf der Geraden, wie auf einer Startbahn. Dann durfte nur nichts dazwischen kommen. Unser Vater drückte das Gaspedal bis zum Anschlag, die Hände ums Lenkrad gepresst, den Oberkörper angespannt in Fahrtrichtung gelehnt. Dann rasten wir mit Schwung und Rückenwind röhrend in die Steigung und eroberten den Giganten.

Wir Kinder saßen hinten auf der Rückbank, wenn es in die Ferien ging. Manchmal lagen wir auch, machten Kopfstand, kotzten, zogen uns an den Haaren oder standen einfach herum, wenn es die Körpergröße noch erlaubte. Von den waghalsigen Geschwindigkeitsmanövern bekamen wir hinten oft gar nichts mit, weil der Innenraum des Wagens in der Regel rauchgeschwängert war. Da die Fenster vorne stets heruntergekurbelt waren, zog der Zigarettenqualm zielsicher zu uns Kindern nach hinten und staute sich dort wie eine winterliche Nebelschwade im Tal. Passivrauchen? Pah, nie gehört.

Unsere Mutter sicherte den dreiwöchigen Urlaub im Vorfeld mit Tonnen an Lebensmittelvorräten ab. Weil die Metro-Großeinkäufe für das Ferienhäuschen im Süden viel Platz einnahmen, musste die Kleinste von uns meist Waschmittel, Raviolidosenreihen, Campariflaschen und Bierkästen weichen. Wahlweise wurde das Baby dann hinten in der Hutablage oder unten im Fußraum auf ein Handtuch gebettet, während vorne genüsslich eine HB nach der anderen gequalmt wurde. Anschnallgurte gab es nicht, und von Fahrpausen hielt man damals auch nicht viel. Locker wurde da vierzehn Stunden durchgebrettert, bis in der Ferne in den frühen Morgenstunden das Mittelmeer blau am Horizont leuchtete.

So oder anders erinnern sich die meisten von uns Babyboomern an ihre Urlaube. Und manchmal fragen wir uns heute, wie wir diese Trips eigentlich überlebt haben.

Josef muss grinsen, als wir uns mit ihm über seine ersten Urlaubsfahrten über den Brenner unterhalten. Er kennt diese Bilder, die Geräusche, die knatternden Motoren der Käfer im Steilhang. Die Verheißung des noch unbekannten Südens auf der anderen Seite der Alpen. Josef hat diese Zeit als junger Vater erlebt und weiß um das Lebensgefühl von damals. Der Krieg war endlich vorbei, es ging aufwärts. Wirtschaftswunderjahre. Deutschland atmete auf. Die Weichen hatte Ludwig Erhard gestellt, Vordenker der Währungsreform und erster Wirtschaftsminister der Bundesrepublik. »Soziale Marktwirtschaft« hieß die neue Wirtschaftsordnung. Deutschland war wieder im Aufwind und fand die Wertschätzung anderer Länder. Die Sechzigerjahre war die Zeit des großen Wandels. Eine florierende Wirtschaft spülte Geld in die Haushaltskassen, die Gewerkschaften kämpften erfolgreich für mehr Urlaub und Freizeit; die Arbeitswoche wurde auf fünf Tage verkürzt. Die Deutschen wollten sich nach den entbehrungsreichen Jahren endlich etwas gönnen: einen Fernseher, eine Waschmaschine, ein Auto, um in den Urlaub zu fahren. Endlich wieder Leichtigkeit spüren, dem Leben entgegenfiebern.

So saß auch Josef voller Vorfreude in seinem röchelnden Käfer auf dem Fahrersitz und knatterte über die Alpen, seine Frau neben sich, die drei kleinen Töchter auf der Rückbank. Lang ist es her.

Wir sind in Nordrhein-Westfalen und besuchen den Mehrgenerationenhof in Brilon. Es ist ein sonniger, warmer Tag. Rundherum Maisfelder, an deren Rändern Klatschmohnblumen mit ihren Köpfen im Wind wackeln. Idylle im Sauerland. Ein großer Hof. Mehrere Häuser. Ställe, in denen Pferde mit glänzendem Fell stehen. Auf der Wiese grast ein Esel. Die Mittagswärme legt ihre Stille über das Areal. Ein bisschen Fachwerk rechts. Linkerhand eine Baustelle. Hier richtet sich der Junior gerade ein. Oben zwei Apartments für weitere Anwärter. Der Mehrgenerationenhof wächst und wächst.

Josef lebt im älteren Trakt. Er wollte gerne alleine wohnen, seinen eigenen Radius haben. Der 88jährige braucht Ruhe, Stress hatte er genug. Er will den Rhythmus seines Alltags in Eigenregie takten. Eine Resthoheit an Selbstverwaltung im Leben, wenn alles andere erodiert. Er hat drei Töchter, seine Frau lebt nicht mehr. Josef kommt alleine klar. Aber wenn der Sohn der Hofbesitzer mit seinen Freunden abends am Feuer auf ein Bierchen zusammensitzt, gesellt sich Josef gern zu ihnen. Und dann lauscht er voller Staunen den Gesprächen einer Generation, die seine Enkel sein könnten. Meistens sagt Josef gar nicht viel, hört nur zu, aber manchmal fragen sie ihn auch. Wie er die Welt erlebt hat als junger Mensch. Wie er dachte und fühlte. Wie sein Alltag war. Und dann freut Josef sich über die Neugier der jungen Leute. Dann verspürt er ein Glück, dass sich jemand interessiert für seine Geschichte, sein Leben – und erzählt. Und meistens muss er laut lachen über ihre Fassungslosigkeit, wenn er von handyfreien Zeiten, seinem guten Leben ohne digitale Medien spricht. Vom Glück eines Sonntagsbratens, der Freude über das erste eigene Auto mit Anfang 30. Davon, dass Frauen in Deutschland erst seit 1962 ein eigenes Bankkonto eröffnen durften oder dass sie bis weit in die Siebzigerjahre keinen Arbeitsvertrag ohne die Zustimmung ihres Mannes abschließen konnten.

Böhmische Dörfer für die Jungs am Lagerfeuer im Sauerland, allesamt geboren in den Neunzigern. Aber sie mögen es, wenn Josef ihnen einen Blick in diese andere Welt, die mit ihrer nur noch so wenig zu tun hat, eröffnet. Kein Wunder. Denn Enkel, so besagen Studien, erleben und erfahren im Gespräch mit der Großelterngeneration eine Art

Geschichtlichkeit. Sie entdecken neue Lebensaspekte, setzen sie in Relation zu ihren eigenen. Sie lernen und erweitern so ihren Horizont.

>>Yeah Darlin' go make it happen
Take the world in a love embrace
Fire all of your guns at once
And explode into space.
Born to be wild.<<

Steppenwolf

Der amerikanische Psychoanalytiker Erikson sagt: Der Mensch entwickelt sich sein ganzes Leben lang weiter. Er durchläuft Entwicklungsphasen, die aufeinander aufbauen, einander oftmals bedingen. Wir wachsen also, wenn es gut läuft, immer weiter. Bis ins hohe Alter.

Vereinfacht gesprochen erlebt der Mensch in Eriksons Lesart in verschiedenen Stadien seines Lebens unterschiedliche Entwicklungen. Jede Phase steht aus seiner Sicht für ein bestimmtes Thema, das zunächst zu einer Art Krise, zu einem inneren Konflikt führt. Familie, Kinder, Karriere, Lebensort, Freundschaften, Verbindung, Eltern, Geschwister, Heimat, Freiheit? All diese Themen, diese großen Fragen, die uns in unterschiedlichen Phasen im Leben begleiten und uns als Mensch Kontur verleihen. Unser Umgang mit ihnen, unsere Antworten darauf leiten uns in bestimmte Richtungen und formen unseren Weg. Wer bin ich? Und wer will ich sein? Was ist wichtig? Welchen Pfad nehme ich? Welche Biegung? Wer soll um mich sein? Mit mir? Wo braucht es Versöhnung? Großmut? Oder Vergebung? Wie entscheide ich mich? Und warum?

In der Lösung eines jeden Konflikts steckt die eigentliche Entwicklungsaufgabe in der jeweiligen Phase. Lösen wir die Krise nicht oder unzureichend, taumeln wir weiter, werden im Laufe unseres Lebens aber immer wieder mit ähnlichen Problemen konfrontiert sein. Wer kennt das nicht? Diese ewigen Muster. Die Endlosschleifen, die uns das Leben in Beziehungen, im Job, in Freundschaften erschweren. Eine Art Gefangenheit in den eigenen Gedanken, Verhaltensweisen, Partnerschaften.

Aber jetzt kommt's. Eriksons Antwort ist so einfach wie weltumspannend: Lösen wir die Krisen mit Einsichten und Weitblick im positiven, für uns und andere im konstruktiven Sinne, entwickeln wir eine gesunde Persönlichkeit, einen starken Charakter und machen den Weg frei für weitere Entwicklungsschritte. Denn – wie gesagt – jede Entwicklungsstufe baut auf der vorherigen auf und führt im fortschreitenden Erwachsenenalter am Ende eben zu etwas, dass wir Reife nennen.

Vielleicht ist Eriksons Idee heute so aktuell wie nie, denken wir. Denn sie beinhaltet die Vorstellung, dass Menschen die Fähigkeit und Bereitschaft erwerben, die Existenz, das Wohl und die Zukunft nachfolgender Generationen zu bedenken und entsprechend zu handeln, ihre Lebenschancen vielleicht sogar zu verbessern. Das wäre doch eine schöne Bilanz. Und Aufgabe.

Und umgekehrt bereichern und beleben eben auch junge Menschen mit ihrer Sicht auf die Dinge, mit ihren Fragen den Horizont und die Aufnahmebereitschaft von Älteren. Es ist ein Geben und Nehmen.

Und genau das passiert, wenn Josef mit den Jungs am Lagerfeuer sitzt. Sie berichten ihm von ihrer Lebenswelt, und Josef erzählt von früher, von seinen Lebenslehren. Dieser Austausch trifft den Kern der Idee eines Mehrgenerationenhauses. Alle Generationen profitieren und lernen voneinander in ganz unterschiedlicher Weise. Sie helfen sich. Sie bereichern sich. Großeltern, Eltern und Enkel. Sie fördern ihre Entwicklung gegenseitig. Gemeinschaft. Die Idee eines Mehrgenerationenhauses greift im Grunde die Vorteile eines alten Konzepts auf, das aus unserem Leben heute nahezu verschwunden ist: die Großfamilie.

Wir drehen die Musik noch weiter auf. Ein Klassiker. Immer wieder gut. Immer wieder tröstlich. Wir denken an Josef, seine Zufriedenheit, die er bei unserem Besuch ausstrahlt. In der Küche blubbert die Kaffeemaschine.

>>When the night has come
And the land is dark
And the moon is the only light we'll see
No I won't be afraid, no I won't be afraid
Just as long as you stand, stand by me.<<

Ben E. King

Josef stammt aus dem Sauerland. Als er sich nach dem Tod seiner Frau immer deutlicher alleine fühlte in seinem Haus, als alles im Alltag nicht mehr so richtig klappte, legten ihm seine Töchter den Mehrgenerationenhof in Brilon ans Herz. Josef war skeptisch. Die heimischen Wände zu verlassen, war ein gewaltiger Schritt und unbekanntes Terrain. Eine Bedrohung. Manchmal wiegt der befürchtete Verlust des Gewohnten schwerer als die Aussicht auf einen möglichen Gewinn. Neue Menschen am Ende in den Graubereich des eigenen Lebens zu lassen, ist für die Generation unserer Eltern eine fast übergroße Hürde. Pflegekräfte? Betreuung zu Hause? Um Gottes Willen! Ja, selbst eine neue Putzfrau wird manchmal schon als unzumutbarer Eingriff in die Vertrautheit des Alters empfunden. Störfeuer, die nicht gewollt sind. Auch das wird für uns, für unsere Generation wohl anders sein, wenn wir in die Jahre kommen.

Josef aber wuchs über sich hinaus, besuchte den Mehrgenerationenhof und wohnte hier für eine Woche auf Probe. Sein Mut zahlte sich aus. Das Leben auf dem Mehrgenerationenhof gefiel ihm. Er mochte die bunte Mischung der Menschen, die sich hier zusammengefunden hatten. So unterschiedliche Lebenswelten. Alt und Jung. Alle unter einem Dach. Die Unterstützung, die er dort bekam, nahm ihm Druck. Die Freiheit, die ihm blieb, fühlte sich gut an. Also zog er ein. Mit ein paar Möbeln. Das war vor knapp fünf Jahren. Seither lebt er hier in einem kleinen Apartment mit eigener Küche. Angebunden an die Gemeinschaft ist er, aber doch unabhängig im Tagesablauf.

Wir sitzen im Schatten und trinken Kaffee. Die Grillen zirpen in der Mittagshitze. Josef nippt an seiner Tasse und wartet auf unsere Fragen.

Nach-
gefragt
bei ...

– JOSEF –

88 Jahre, ehemals Beamter, Witwer, 2 Kinder

Was schätzen Sie hier besonders?

Die Umgebung ist schön, und ich fühle mich hier wohl, wie in einer großen Familie. Alle duzen sich und jeder weiß etwas von dem anderen. Diese Vertrautheit gefällt mir – und meine Unabhängigkeit. Ich kann in Gesellschaft essen, muss es aber nicht. Meistens bleibe ich lieber in meinem Zimmer für die Mahlzeiten, aber wenn ich wollte, könnte ich es anders machen. Keiner schreibt mir etwas vor. Ich bin freier hier. So strenge Regeln, wie ich sie mir in einem Altenheim vorstelle, gibt es zum Glück nicht. Wenn ich die Alternative Altenheim oder daheim gehabt hätte – da wäre ich daheim geblieben.

Wie steht es mit Ihren sozialen Kontakten, wie wichtig ist die Gemeinschaft?

Meine Betreuerin von der Caritas kenne ich schon lange, sie besucht mich bereits seit ein paar Jahren. Seitdem ich hier lebe, kommt sie hierher und wir gehen gemeinsam spazieren.

Ich treffe mich öfter mit den anderen Bewohnern, und wir feiern Geburtstage und Namenstag – hier gibt es eine Tafel und da steht das Programm drauf: wie alt jemand wird, oder was es sonst für Anlässe zum Feiern gibt.

Es gibt hier auch junge Leute, die haben natürlich andere Interessen, aber das ist ja gut so, und es klappt hier gut mit uns allen. Wir erzählen uns dann gegenseitig etwas aus unserem Leben.

Ich bekomme auch ab und zu Besuch von meinen Verwandten, da habe ich es gut. Freunde von früher habe ich so gut wie keiner mehr – die meisten sind weggezogen oder bereits gestorben.

Wie sieht der Alltag aus?

Der Tag ist gut strukturiert durch die regelmäßigen Abläufe und durch die Mahlzeiten. Und dann gibt es ja hin und wieder die Feste und der Besuch. Langweilig ist mir nicht, und so kann ich jeden Tag aufs Neue meistern.

Ich fühle mich wohl und bin zufrieden hier. Hier bin ich nicht abgeschnitten vom Leben.

Erkenntnisse des Tages

★ *Um mit Albert Einstein zu sprechen: »Probleme kann man nie durch dieselbe Denkweise lösen, durch die sie entstanden sind.«*

★ *Manchmal muss man einfach über sich hinauswachsen.*

Andrea hat sich die Schürze umgebunden und wirbelt in der Küche herum. Sie ist die Seele des Hofs. Und die Chefin. Täglich bietet sie allen 15 Bewohnern ein Mittagessen an. Wer mag, kann sich anmelden und kommen. Wer außer Haus ist oder lieber selber kocht, der bleibt, wo er ist. Das ist ihr Credo hier. Leben und leben lassen. Alles beruht auf Freiwilligkeit und richtet sich nach den Bedürfnissen der Bewohner. Für Pflegebedürftige kommt der ambulante Pflegedienst. Eine Putzfrau kommt für alle, die eine möchten. Essen kann jeder selbst gestalten oder sich mittags bei Andrea einklinken.

Die 56jährige hatte einst in den Hof eingeheiratet, zwei Kinder bekommen. Ihr Sohn ist 31 und arbeitet als Tischler. Ihre Tochter, 29, ist Heilpädagogin. Beide wohnen auf dem Hof. Dann gibt es noch sechs Esel, zwei Pferde, vier Katzen, zwei Hunde, Karnickel und landwirtschaftliche Flächen, die sie zum Heu machen für die Tiere nutzen.

Ihr Mann ist zehn Jahre älter, seine Eltern lebten auch hier. Doch die Landwirtschaft rechnete sich eben schon bald nicht mehr für die ganze Familie.

Aber es gab auf dem Hof etwas, das sie alle gemeinsam stark machte: Zusammenhalt. Eine verschworene Gemeinschaft. Geborgenheit. Aus diesem Gefühl heraus wuchs in Andrea die Idee, den Hof für andere zu öffnen.

15 Bewohner leben inzwischen hier. Der jüngste ist 16, der älteste 88 Jahre – drei Generationen, die nicht nur Tür an Tür, sondern miteinander leben. Begonnen hatte Andrea das Wohnprojekt mit Senioren. Die erste Einliegerwohnung vermietete sie an vier ältere Damen, die hier eine WG gründeten. Nach und nach schuf Andrea mehr Wohnraum, baute kleine Apartments in den Anbau des Hofs, und bald zogen auch Jüngere ein. Sie hat heute Anfragen aus ganz Deutschland. Die Warteliste ist lang. Einen freien Platz bekommt der, der am besten in die Gemeinschaft passt. Außerdem hängt die Vergabe davon ab, wer in welcher Wohnform leben möchte.

Üblicherweise brunchen sie hier jeden ersten Sonntag im Monat gemeinsam, feiern Geburtstage oder grillen gemeinsam. Es gibt wöchentlich Einkaufstouren in den Supermarkt in der Stadt. Wer länger durch die Geschäfte bummeln mag, der nimmt den Bus nach Hause. Einmal in der Woche kochen alle gemeinsam, mittwochs gibt's Kaffeeklatsch, donnerstags Seniorenturnen. Und schließlich noch jede Menge Feste – je nach Jahreszeit. Dafür basteln alle gemeinsam, und auf dem Weihnachtsmarkt im Dorf betreiben sie einen eigenen Stand.

Älteren Menschen bietet Andrea hier Fürsorge und ein unterstützendes Netzwerk. Und die Jüngeren lernen, über den eigenen Tellerrand hinauszuschauen, soziales Empfinden zu entwickeln, das Alter wertzuschätzen. Das Konzept funktioniert. In alle Richtungen. »So wie hier möchte ich selber gerne alt werden«, sagt uns Andrea.

Wir schlendern gemeinsam über das Gelände und sprechen über die Sehnsüchte und Vorstellungen unserer Generation. Über ihr Vermächtnis, ihren Fluch, ihren Segen, ihre Chancen, ihr Erbe. Die 56jährige ist wie wir eine Baby-boomerin. Gemeinsam mit vielen anderen werden wir wohl alle in den nächsten zehn bis fünfzehn Jahren die Rentenkassen sprengen. Klar, wir haben auch jede Menge eingezahlt. Aber Wirtschaft und Politik haben Angst vor uns. Bislang besetzen wir noch die Schlüsselpositionen in Deutschland, doch wenn wir uns aus allen Ämtern verab-schieden, wird es bitter. Denn dann muss uns die nachfol-gende Generation finanzieren. Doch wir haben wohl einfach nicht genügend Kinder gezeugt und uns stattdessen selbst verwirklicht.

Als wir beide geboren wurden, gab es die Antibabypille bereits ein paar Jahre. Ob all die Kinder, die davor auf die Welt kamen, wirklich Wunschkinder waren? Vermutlich nicht. Fakt bleibt: Wir verursachen ein massives Renten-problem.

Umschmeichelt von Freiheit, beflügelt von Unabhängig-keit haben wir Kohle gescheffelt und die Welt bereist. Wir konnten herrlich lange studieren, den Kriegsdienst verwei-gern und gegen Wettrüsten, Atomkraft und das Waldsterben demonstrieren, den Schreckgespenstern unserer Jugend. Wir Frauen haben die Emanzipation ganz selbstverständlich wei-ter vorangetrieben, Tagesmütter für unsere Kinder beschäf-tigt und uns durch den Job gebissen. Jedenfalls viele von uns. Die anderen haben sich für die Familie entschieden und blie-ben zu Hause. Denn das war unser größter Luxus: anders, als unsere Mütter hatten wir die Wahl.

Wir profitierten von niedrigen Kreditzinsen und hohen Wachstumsraten. Wir haben gelebt, als gäbe es kein Morgen. Vielleicht ohne Rücksicht auf spätere Verluste? Werden unsere Pflegekosten das Erbe unserer Kinder auffressen, weil unsere Alterssicherung nicht ausreicht? Die Befürchtung jedenfalls scheint berechtigt.

Andrea zeigt uns den Gemeinschaftsraum des Hofs. Dort, wo alle gern zusammen feiern. Eine schöne, hölzerne Bar durchzieht den Saal. Viele Stühle, Tische, eine Musikanlage. Ein großer Platz öffnet sich vor dem Raum. Ein Grill steht da, gemütliche Sitzecken. Ein Ort für viele Menschen. Ganz bewusst laden sie hier zu ihren Sommerfesten auch Bewohner aus dem Dorf ein. Auch Andrea will kein Inseldasein auf dem Hof. Sie wünschte sich die Anbindung ihrer Bewohner an das ganz normale Leben.

»Wollt ihr mal hochkommen und gucken?«, ruft eine Bewohnerin aus dem ersten Stock und winkt uns fröhlich zu sich. Christa ist 77 Jahre und lebt hier in einer Zweier-WG. Mit einem 19jährigen jungen Mann. Sie ist geschieden und hat zwei Söhne, die weit weg wohnen. Der Kontakt ist eher lose.

Wir setzen uns auf einen Tee auf die Dachterrasse ihrer Wohnung. Christa ist groß und schlank. Ihr graues Haar trägt sie sportlich kurz. Sie ist quirlig, lebendig. Ihr Alter merkt man ihr nicht an. Vor drei Monaten erst zog sie aus ihrer nahgelegenen Eigentumswohnung auf den Mehrgenerationenhof. Es sieht bereits heimelig aus. Rosmarin und Salbei wachsen im Gemüsehochbeet auf der Terrasse, ein paar Pflanzenkübel stehen neben den letzten Umzugskisten. Ihre Möbel sind alle aufgestellt, das neue Boxspringbett angeliefert und ein paar Erinnerungsstücke erinnern in der Küche an ihre Zeit in Frankreich, wo sie ein paar Jahre auf einem Bauernhof lebte. Ein paar Lieblingstassen und Teller sind übrig aus dem alten Leben. Sie ist viel gereist. Eine Lebenskünstlerin, der Freiheit und Unabhängigkeit immer besonders wichtig waren. Aber alleine wollte sie einfach nicht länger leben. Hier hat sie Gemeinschaft, Kontakt zu jungen Leuten und kann dennoch ihr eigenes Leben führen. Mit dem eigenen Auto fährt sie zum Malkurs und ins Fitnessstudio. Eingeschränkt will sie nicht sein. Ein Jahr suchte Christa nach einer für sie richtigen Wohnform, bis sie nach Brilon kam.

Nach-
gefragt
bei ...

– CHRISTA –

77 Jahre, geschieden,
2 Kinder, gelernte
Einzelhandelskauffrau

Warum haben Sie sich für das Wohnen in dem Mehrgenerationenhaus entschieden?

Hier bin ich frei und autark. Es gibt keine festen Zeiten für Mahlzeiten, keinen Pillenservice. Aber ich kann mir Essen dazubuchen so oft ich das möchte. Es gibt auch einen Einkaufsservice, falls ich das mal brauchen sollte. So bin ich alleine und dann doch wieder nicht. Diese Mischung von Menschen in unterschiedlichem Alter finde ich so lebendig.

Sie wohnen nun in einer WG mit einem 19jähren – was bedeutet das?

Leicht ist das ehrlich gesagt nicht. So richtig haben wir den Draht zueinander noch nicht gefunden, aber wir sind uns sympathisch. Ich bin alt, und er ist jung. Ich habe das Gefühl, er sieht es ein wenig als Bevormundung, wenn ich ihm etwas rate, aber er hat sich ja auch für dieses Wohnmodell entschieden. Ich möchte den Anschluss an die Jugend nicht verlieren. Diese Aufgeschlossenheit ist für mich wichtig. Die Jungen könnten ja auch von meinen Erfahrungen profitieren, ich kann eine Hilfestellung anbieten. Aber ob man die nehmen möchte, das muss jeder selbst entscheiden für sich. Schließlich muss am Ende dann doch jeder selbst seine Erfahrungen machen.

Ich habe den Krieg als Kind noch erlebt. Aber davon wollten meine Kinder schon nichts wissen. Heute könnte ich davon reden – aber viel Interesse gibt es nicht. Früher, als ich begonnen habe zu arbeiten, 1965, zuerst als Einzelhandelskauffrau, dann als Zahntechnikerin, da war vieles anders, auch für Frauen – davon kann ich berichten. Auch Kinder sind einfach so mitgelaufen, bekamen viel weniger Aufmerksamkeit – nicht so wie heute bei einigen Helikoptereltern. Die Gesellschaft hat sich schon sehr verändert, was jetzt alles möglich ist! Aber, es gibt eben auch keine Sicherheit mehr, keinen, der sich automatisch und selbstverständlich um einen kümmert.

Wie profitieren Sie hier in der Wohnform?

Die jungen Menschen können sich abschauen, wie man erfolgreich arbeitet, wie man zufrieden ist mit dem, was man hat, und wie man in die Dinge hineinwächst im Leben. Das könnte ich erklären, falls jemand fragt. Ich finde spannend zu sehen, wie sich die jungen Menschen entwickeln, sie ihren Weg suchen und dann gehen. Aber jeder ist natürlich anders. Überhaupt etwas zu tun, sich zu bewegen körperlich und geistig, das finde ich wichtig. Passivität ist für mich schwer zu ertragen.

Fühlen Sie sich hier nun wohl?

Mein Leben ist doch schön! Ich habe meine Freiheit, ich kann mein Zuhause hier dekorieren. Mein altes Netzwerk, meine Freunde, die habe ich ja noch immer. Wir tauschen uns digital aus. Ich war schon immer viel unterwegs in meinem Leben und habe gelernt, meine Freundschaften zu pflegen. Und wenn jemand zu Besuch kommen möchte, geht auch das. Ich habe hier eine prima Ausziehcouch. Mir fällt es leicht, mich auf Neues einzustellen, ich bin geübt darin. Ich mache es mir hier so, wie ich es mag.

Zuhause in meiner letzten Wohnung in der achten Etage, in der Stadt, da war es mir die letzte Zeit zu groß – ich musste dauernd putzen, renovieren, und ich saß dort oft alleine. Hier erhoffe ich mir Abwechslung und Inspiration, Gemeinschaft – wenn mir danach ist. Wenn ich mal nicht mehr so gut kann, habe ich Anschluss. Zu wissen, dass ich hier im Notfall gut aufgehoben bin, das gefällt mir. Ich habe auch einen Hund dabei, und wenn ich mal krank wäre, dann könnte hier jemand anders nach dem Tier schauen. Eine andere Dame im Apartment im Nachbarhaus hat auch einen Hund, und sie hat mir angeboten, sich zu kümmern. Ich setze darauf, dass wir hier alle zusammenwachsen. Ein wenig wie in einer Großfamilie – ich fühle mich wohl hier. Bei mir, als ich heranwuchs, war das auch so, da war meine Oma im Haus und dieses Miteinander von Generationen war selbstverständlich.

Warum sind Sie genau hierher in das Mehrgenerationenhaus fern ab von einer Großstadt gezogen?

Das Landleben hat mich immer schon angezogen. Aber in Frankreich, auf dem Bauernhof, auf dem ich jahrelang gewohnt habe, kam ich schließlich alleine nicht mehr zurecht. Ich hatte mich am Knie verletzt, und dann habe ich auch insgesamt gesundheitliche Probleme bekommen und wollte zurück nach Deutschland. Als das in der eigenen Wohnung zu anstrengend und zu einsam wurde, habe ich mich eben für dieses Lebensmodell entschieden.

Erkenntnisse des Tages

- ★ *Es ist ratsam, aus dem Glück heraus und nicht für das Glück zu leben.*
- ★ *Die Vergangenheit ist nicht einflussreicher als die Gegenwart.*

Christa muss los. Ihre Fitnessstunde beginnt bald. Andrea hat auch nicht mehr viel Zeit für uns. Der Großeinkauf wartet. Aber für unser Interview reicht es noch. So gerade.

Nach-
gefragt
bei...

– ANDREA MÜLLER –

56 Jahre, Leiterin des Mehrgenerationenhofs

Was ist Ihnen denn besonders wichtig hier auf dem Mehrgenerationenhof?

Mir geht es erstmal darum, dass hier nette Menschen leben – Griesgrame kann ich an diesem Ort nicht gebrauchen. Man muss nicht aufeinanderhängen, aber wir haben doch viel miteinander zu tun. Einer ist für den anderen da. Es gibt einige Angebote, die kann wahrnehmen, wer will. Jeder soll machen, wozu er Lust hat. Aber grundsätzlich unterstützt hier jeder jeden. Die Jüngeren helfen zum Bespiel, wenn das Gehen für jemanden zu beschwerlich ist, und die Älteren helfen den Jungen dabei, selbstständig zu werden, sie können profitieren von der Lebenserfahrung. Die Älteren mögen den Schwung und das aktive, quirlige Leben hier. Auch wenn die junge Generation vor dem Fenster sitzt und sich mal etwas lauter unterhält, dann freuen sich die Senioren über die rege Abwechslung, oder sie setzen sich auch schon mal mit einem Bierchen dazu.

Für mich ist es wichtig zu verstehen, wie ist der Mensch? Jeder ist ja anders, hier darf er sein wie er ist – ob er es nun leise oder laut mag, eher für sich alleine oder in Gesellschaft. Jeder soll und darf seine eigene Meinung haben und das Leben nach seinen Vorlieben und Wünschen gestalten. Wir können viele Möglichkeiten anbieten. Ich achte darauf, an der richtigen Stelle die richtige Person zu haben.

Warum haben Sie sich persönlich dazu entschieden, einen Mehrgenerationenhof aufzubauen?

Ich hatte früher immer alle um mich, Oma und Opa, Tante und Onkel, und ich war Einzelkind. Mir gefiel es schon immer, eine große Familie zu haben. Ich wollte auf einen Bauernhof, und dann bin ich ja durch meinen Mann hier gelandet. Wir hatten hier auch schon immer Feriengäste. Irgendwann konnten wir die Landwirtschaft nicht mehr lukrativ weiterführen. Die Lage ist für Ferienwohnungen auch nicht ganz leicht, denn da muss man den Leuten viel bieten, und es ist weit ab vom Schuss. Und dann habe ich im Krankenhaus eine ältere Dame kennengelernt, geistig sehr fit, aber körperlich so krank, dass sie nicht mehr alleine leben konnte. Sie wollte gerne zu mir ziehen. Das ging damals noch nicht, aber sie hat mich auf die Idee mit dem Mehrgenerationenhof gebracht. Die Dame kam dann in ein Altenheim. Und ich dachte, ach wie schade, Alt und Jung und eine WG auf dem Hof, das wäre doch gut! So ist die Idee zur Senioren-WG dann entstanden. Ich habe bei der Caritas angefragt und von dort Unterstützung bekommen – solange Pflege und Vermietung streng getrennt sind, geht das mit der WG problemlos. Jeder, der einen Pflegedienst braucht, der bucht ihn einfach hinzu. Auch Kosmetik, Physiotherapie oder Fußpflege – die kommen hier einfach ins Haus, das klappt hervorragend.

Ich möchte später auch genauso alt werden können.

Sie haben auch Kinder, was haben die aus Ihrer Sicht hier gelernt für ihr Leben?

Diese Mixtur der Generationen haben sie so empfunden, als wären die Bewohner hier wie ihre eigenen Omas und Opas. So sind sie groß geworden. Meine Kinder fühlen sich wohl und mit dem Hof verbunden und möchten dieses Konzept auch weiterführen später. Sie helfen und unterstützen mich auch heute bereits. Wir sprechen uns in der Familie ab und managen das Projekt gemeinsam. Auf lange Sicht überlege ich aber, vielleicht noch ein Hausmeister-Ehepaar zu suchen, ich werde ja auch älter, und es ist immer gut, ein Backup zu haben. Hier muss immer jemand da sein, wir haben ja die Verantwortung, den Betrieb immer lebendig und verlässlich zu halten.

Zu welchem Zeitpunkt sollte man sich denn informieren und nach einem Wohnplatz umschauen?

Ich finde es immer schade, wenn die Leute erst spät suchen und überlegen, wie sie ihren Lebensabend verbringen möchten. Anfangs gibt es natürlich Startschwierigkeiten in einer neuen Lebensform, und in jüngeren Jahren fällt das

Einleben leichter. Ein reger Geist ist aufnahmebereiter und kann sich auf Neues einstellen und schneller vom Nutzen profitieren. Aber es ist auch Typ-Sache, manche fühlen sich schneller wohl, andere brauchen ihre Zeit.

Es ist gut, früh zu überlegen, schon mit 50, 60 Jahren – mit wem könnte ich alt werden, gemeinsam wohnen? Viele wollen den eigenen Kindern, falls es sie gibt, auch nicht zur Last fallen. Jeder muss da selbst verantwortlich sein und schon früh darüber nachdenken, was für Lösungen es geben kann. Sich zu wünschen daheim zu bleiben, ist verständlich, aber das geht nun mal in der Praxis nicht immer.

Wie wichtig ist es, dass auch Krankheit und Sterben hier aktiv begleitet werden?

Es ist schön, wenn der Tod zum Leben gehört und die Menschen damit umgehen können. Der soziale Gedanke ist hier in dieser Gemeinschaft stets präsent und muss nicht erst eingeübt werden.

Was können die Menschen hier voneinander lernen? Die Gelassenheit der Älteren wirkt entspannend auf die Jüngeren. Auch die Lebenserfahrung der Senioren hilft weiter und vernetzt die Generationen. Eigentlich wollte Rudolf nur hier wohnen, sein Essen haben, seine Wäsche und vor allem seine Ruhe. Aber dann habe ich bemerkt, dass er gut Schach spielen kann. Ich habe hier den 16jährigen Justin mit dem 70jährigen Rudolf ins Gespräch gebracht, die beiden anfangs etwas ermuntert, und schließlich haben sie regelmäßig miteinander gespielt. Diese Ruhe, die Senioren oft ausstrahlen, das tut vielen Jungen gut.

Warum ist die Nachfrage, hier zu wohnen, so groß?

Die Menschen sehnen sich nach einer Familienstruktur, egal ob auf dem Land oder in der Stadt, glaube ich. Sie suchen nach Geborgenheit und Gemeinschaft. Die Menschen wollen mehr als einfach »nur« betreutes Wohnen. Sie brauchen Ansprechpartner, Bekannte, Freunde, Rituale – einfach das Leben so wie früher in einer intakten Familie. Die Zeit der Großfamilien ist ja vorbei, aber die Sehnsucht danach nicht. Behütet sein, das wollen alte und junge Menschen. Ganz praktisch funktioniert das leider nicht mehr – viele ziehen dorthin, wo es Arbeit gibt, auf eine Familienstruktur kann keiner mehr Rücksicht nehmen. Sehr häufig sind die Großeltern auch nicht mehr in der Nähe.

Was ist schwierig im Alltag einer Mehrgenerationen-WG?

Das Zusammenleben muss geübt sein – da muss man sich erstmal zusammenraufen. Wir haben auch eine WG von einem 19jährigen mit einer über 70jährigen – sie haben sich beschnuppert und nun im Alltag suchen sich nach Regeln. Das ist nicht immer leicht, aber wenn sich beide darauf einlassen, kann es klappen. Reibungslos ist das nicht. Auch das Streiten und Kompromisse finden sind lehrreiche Erfahrungen. Sich auszusprechen, ist eine Herausforderung – das beobachte ich auch. Da trainiert man die soziale Kompetenz.

Welche Rolle spielt der Hof, das Leben auf dem Land hier?

Mit einem verklärten Blick sollte man nicht herkommen. Das Leben hier hat mit Landidylle nichts zu tun. Die Menschen, die hier wohnen, kommen nicht wegen der Landluft, der Natur und den Tieren. Wer Zuhause schon keine Zeit und Lust hatte, im Garten zu arbeiten, wird es auch hier nicht tun. Wer mit Tieren nichts anfange kann, der geht auch nicht zu den Eseln auf die Wiese. Auch das Kochen als SelbstversorgerIn ist nicht romantisch zu sehen, das muss man mögen, und es ist einfach auch Arbeit, im Gemüsebeet zu stehen. Ich biete hier gesundes Essen an, und wer mitessen möchte, kann daran teilnehmen.

Ist Einsamkeit für die Bewohner ein Thema?

Josef zum Bespiel hatte ein großes Haus und einen schönen Garten. Seine Kinder sind schon längst nicht mehr in der Nähe. Er hat schon lange eine Betreuerin, die mit ihm spazieren geht. Aber dennoch ist es einfach ein Unterschied, ob mal jemand zu Besuch kommt, oder das Leben insgesamt bunt und abwechslungsreich ist. Die Gemeinschaft im Alltag, danach suchen die Menschen! Das fehlt übrigens jedem, der vielleicht nicht mehr arbeiten kann oder alleine ist – egal wie alt. Auch Menschen in den 50ern, die berufsunfähig sind, brauchen einen Platz. Sollen die ins Altenheim? Da gibt es gesellschaftspolitisch eine Lücke, hier ist ein Mehrgenerationenhaus eine gute Idee, finde ich.

Und was denken wir?

- *Christiane*

  Pro: Gemeinschaft kann Familie ersetzen, echte Freunde aber sind durch nichts zu ersetzen.
  Jung und Alt können inspirieren und bringen Schwung in die Bude!
  Contra: Manchmal bestimmt zu laut und zu hektisch.

- *Barbara*

  Pro: Junge ermöglichen neue Blickwinkel und den Draht zur Gegenwart.
  Contra: Jugendliche können mir auch auf die Nerven gehen. Mit fremden Enkeln muss ich nicht unbedingt spielen. Lieber mit den eigenen.

MEHRGENERATIONEN-HAUS

Wahlfamilien können die sozialen Sicherungssysteme *nachhaltig entlasten:* Umgeben von anderen Menschen lebt es sich gesünder, lustiger und länger![28]

Mehrgenerationenhäuser bestehen in der Regel aus *abgeschlossenen einzelnen Wohnungen* mit Küche, Bad und kleinem Wohnzimmer – dazu kommen meist *Gemeinschaftsräume* für Projekte und Veranstaltungen.

Genossenschaften, städtische Wohnungsbaugesellschaften und Mitbauzentralen bieten solche Projekte an – da es *manchmal Jahre* dauert, einen Platz zu bekommen: *Früh umschauen* und planen!

Wohninteressierte gründen meist *einen Verein*

und können von vielen Kommunen

mit einer *Anschubfinanzierung*

bis zu 40.000 Euro

unterstützt werden!

Wohnportale wie

www.wohnen-alter-bayern.de oder

www.wohnprojekte-portal.de oder

www.bring-together.de

vermitteln *Gleichgesinnte.*

Mehrgenerationenhäuser stehen *offen für*

jeden: Singles, Paare, Alt und Jung.

Die Hausgemeinschaft stützt sich

gegenseitig und trifft *Entscheidungen*

in der Regel *einstimmig.*

Experten-
interview
mit...

– PROF. MANFRED SPITZER –

**62 Jahre, Neurowissenschaftler und
Psychiater, einer seiner Forschungsschwerpunkte:
Einsamkeit**

Warum ist Einsamkeit eine Krankheit?

Es wurde herausgefunden, dass Einsamkeit eben auch physische Schmerzen bereitet. Je mehr ein Mensch über ein soziales Netzwerk verfügt, desto weniger Stresshormon hat er im Blut. Wer dauerhaft ein erhöhtes Stresshormon hat, bei dem kann es zu hohem Blutdruck und hohem Blutzucker kommen, und das Immunsystem schwächelt. Dadurch kann es langfristig zu Schlaganfällen, Herzinfarkten und Krebs kommen. So kann man verstehen, dass Einsamkeit mit einer hohen Sterblichkeit verknüpft ist.

Von Einsamkeit sind ja auch viele ältere Menschen betroffen. Besonders Frauen. Warum?

Man muss hier zwei Effekte unterscheiden.

Bei jüngeren Frauen gilt: Sie definieren sich vor allem über die Gruppe, in der sie leben. Wenn diese wegbricht, bricht für sie meist eine Welt zusammen. Frauen sind im Vergleich zu Männern die sozialeren Wesen.

Bei älteren Frauen gilt: Da sie hierzulande gegenwärtig etwa fünf bis sechs Jahre länger leben als Männer, sind bei den heute etwa 75jährigen viele Ehemänner bereits tot. Nimmt man noch ein bis zwei Jahre Altersunterschied bei der Hochzeit hinzu (die Frau ist meist jünger), dann ist die Wahrscheinlichkeit, Witwe zu sein, also deutlich höher als diejenige, Witwer zu sein. Zahlenmäßig gibt es daher viel mehr Witwen als Witwer, ABER: Nimmt man jeweils 100 verwitwete Männer und Frauen, dann ist ein wesentlich geringerer Prozentsatz der Frauen einsam (eben weil sie die sozialeren Wesen sind).

Wie kann man denn vorbeugen?

Viele Frauen machen es richtig: Sie organisieren sich Freundeskreise unabhängig von ihrer Paarbeziehung. Kreise, wo sie sich heimisch fühlen. Damit sollte man rechtzeitig anfangen, damit es dann trägt, wenn es tragen muss. Es gibt unendlich viele Aktivitäten, die in Frage kommen. Ob das der Kirchenchor ist oder der Bridgeclub oder ein Kaffeetreff. Es ist völlig egal, was es ist.

Man sollte auch gerade im Alter wissen, dass es sehr gut-tut, anderen in einem Ehrenamt zu helfen. Man fühlt sich selber besser, wenn man anderen hilft. Das hört sich egoistisch an, ist es aber nicht. Es gehört zu einem sozialen Wesen, dass es zur Gemeinschaft beiträgt. Dann fühlt es sich eben auch selbst gut. Das geht allen Menschen so.

Manche Ältere haben sich aber längst zurückgezogen und den Zeitpunkt verpasst. Was sollte man dann tun?

In dem Fall beginnt ein fataler Teufelskreis. Man sollte sich professionelle Hilfe holen, denn aus solchen Teufelskreisen kommen gerade ältere Menschen ganz schlecht wieder heraus. Das bedeutet nicht, dass man immer gleich Medikamente geben muss. Aber Einsamkeit kann in chronische Depressionen münden. Menschen sind nun mal eine soziale Spezies. Das sind wir seit Jahrtausenden.

Sollte man sich deshalb als alter Mensch rechtzeitig andere Wohnformen suchen?

Unbedingt. Aus meiner Sicht wäre es viel schlauer, nicht einen Kindergarten und ein Altersheim zu bauen, sondern gleich ein Mehrgenerationenhaus. Denn da könnten beide Generationen, die Enkel und die Großeltern, voneinander profitieren, auch wenn sie in diesem Fall durch familiäre Bande gar nicht verbunden wären. Aber für ältere Menschen sind Kinder auf beste Weise bereichernd, und umgekehrt sind Kinder für ältere Menschen ein wunderbarer Quell an interessanten Geschichten. Da ist es aus meiner Sicht ganz wichtig: Sie zusammenzubringen und nicht getrennt voneinander zu kasernieren. Da könnten wir uns sehr viel Mühe geben, die Einsamkeit auf diese Art nicht noch festzubetonieren.

Müssten ältere Menschen denn nicht auch selber aktiv werden?

Es heißt ja immer, alte Bäume sollte man nicht verpflanzen, aber in bestimmten Lebensabschnitten ist es ratsam, sich zu überlegen, ob man so weitermachen will. Und einfach nur so weitermachen, weil man es immer schon so gemacht hat, ist in keinem Lebensalter eine gute Idee. Man sollte rechtzeitig und aktiv darüber nachdenken und vor allem andere Menschen mit in die Planung einbeziehen. Wenn man die Glücksforschung betrachtet, weiß man: Was uns am meisten Glück beschert, sind andere Menschen.

Nun gehen viel ältere Menschen ja auch ins Ausland. Ist es aus Ihrer Sicht gut, die eigenen Wurzeln zu kappen?

Ich sehe das eher kritisch. Für manche mag das hinhauen, nach Thailand zu gehen, ins Warme mit wenig Geld. Ich sehe aber die Gefahr, dass man in der Fremde noch einsamer ist, als man es hier wäre. Man spricht dort die Sprache nicht. Dann ist man in irgendeiner Enklave, und von den Menschen dort ist man dann umso mehr abhängig.

Aus meiner Sicht ist es schlauer, sich in vertrauter Umgebung zu überlegen, was ich an meinen Verhältnissen ändern könnte, um der Gefahr weiterer Vereinsamung entgegenzuwirken. In meinem Umfeld, in meinem Raum. Das halte ich für das Zielführendste. Die exotischen Lösungen mögen für manchen funktionieren, aber sie funktionieren auch oft nicht.

Sind Menschen heute einsamer als früher?

Insgesamt ja. Dafür gibt es eine Menge Indikatoren. Wir sind heute selbstbezogener. Das Mitgefühl für andere hat, objektiv betrachtet, nachgelassen. Da gibt es Untersuchungen über Jahrzehnte hinweg. Empathie hat definitiv abgenommen. Unsere Lebensverhältnisse haben sich eben geändert. Die Verstädterung ist ein Grund. Zudem haben wir erheblich mehr Singlehaushalte als früher. Das begünstigt natürlich auch soziale Isolation und Einsamkeit. Das Dorf beispielsweise, indem ich aufgewachsen bin, hatte früher sechs Kneipen. Jetzt gibt es keine mehr. Wir leben heute einfach anders. Man wird ja auch nicht sozialer, in dem man sich immer mehr in den sozialen Medien bewegt.

Wie kann man im Alter das Gehirn am besten trainieren?

Das beste Gehirntraining ist ein Enkel. Er ist herausfordernd, schafft immer neue Situationen für den älteren Menschen, weswegen es wirklich nichts Besseres gibt, als einen Enkel, der dir Löcher in den Bauch fragt. Was nicht funktioniert, sind irgendwelche Rätsel oder Computertraining, das ist nachgewiesen. Miteinander zu sein, das tut älteren Menschen am besten. Der direkte Kontakt mit anderen. Das kann auch ganz klein sein. Die kleinen Interaktionen, der Plausch an der Kasse, ein netter Blick auf der Straße – das ist ganz wichtig für das Urvertrauen in die Gesellschaft. Und dafür, dass wir uns wohlfühlen.

SELBSTVERSUCH
SENIORENRESIDENZ BAD FÜSSING

Waltraud ist hoch konzentriert, guckt in die Luft und lächelt. Ihre Lippen schimmern hellrosa. Das Haar ist fein drapiert und wippt ein wenig im Rhythmus ihrer Bewegungen. Ein Windhauch. Mehr nicht. Sie scheint versunken, abgetaucht. Irgendwohin, in ihre große, pralle Welt der Erinnerung. Die schönen, gepflegten Hände klammern sich an die Stuhlränder. Der goldene Ring mit dem Stein hat sich über die Zeit in ihren knochigen Finger gegraben, wie eine gezeichnete Spur der vielen Jahre, die sie hinter sich hat. Ein Abdruck von sehr viel Liebe, vor allem viel Leben. Tiefe Furchen ziehen sich durch ihr wunderbares Gesicht. Wie modelliert. Eine lebende Skulptur. Wir sitzen drei Stühle weiter und können uns gar nicht satt sehen. Da ist so viel Anmut in ihr, in dieser schlanken, stolzen Frau. Ein wenig gekrümmt und versunken sitzt sie auf dem Stuhl, streckt ihr Bein so gut es geht und lässt es vor sich kreisen. Kleine Kreise, langsame Kreise. Manchmal ist es nur eine Andeutung. Denn Waltraud ist 93 Jahre alt.

»Und noch ein allerletztes Mal«, ruft die hübsche Physiotherapeutin aufmunternd in die Runde. Sie ist blutjung. Die meisten, die hier turnen, sind drei, oft viermal so alt wie sie selbst. Es ist Montagmorgen. Kurz nach 9 Uhr. Sitzgymnastik für alle, die Lust haben. Und vor allem: die es noch können. So beginnt ein normaler Tag in der Seniorenresidenz im niederbayerischen Bad Füssing.

Seniorenresidenz, allein dieses Wort! Mit mulmigem Gefühl fahren wir hin. Zum mehrtägigen Probewohnen. Zum Erleben. Fühlen, reden, mitmachen, anfassen. Wir wollen wissen, wie es wirklich ist. Und reisen mal wieder voller Vorurteile an. Altersheim, so denken wir, heißt Warten auf den Tod. Weihnachtsbasteln. Einsamkeit. Pflegestufen. Schaler Geruch. Ein Leben, das langsam ausdörrt.

Aber – wie so oft – werden wir auch hier eines Besseren belehrt und begegnen einer Welt und Menschen, die uns im Kern bewegen und berühren; die unsere Sicht verändern. Unsere Haltung. Und tatsächlich am Ende auch nicht weniger als unseren Blick auf das Leben selbst.

Alfred wartet in der Halle bereits seit einer Stunde auf uns. Dabei sind wir überpünktlich. Doch die Nachricht unseres Besuchs hat sich schnell verbreitet, und für die Bewohner sind wir offensichtlich eine recht ordentliche Abwechslung. Alfred wuchtet sich vom Sessel hoch, packt seinen Rollator und schreitet uns entgegen. Ein groß gewachsener Mann der alten Schule. Er reicht uns die Hand und verbeugt sich, so weit es noch geht. »Gestatten, ich bin Alfred. Ich habe Ihnen viel zu erzählen.« Alfred ist 95 Jahre und achtet auf seinen Auftritt. »Seit ich ein Toupet trage«, sagt er grinsend, »geht bei den Damen wieder etwas«. Er sei nun in der Phase der Erneuerung, seit er vor vier Monaten hierherzog. Die letzte Station. Das letzte Auffangbecken. Endgültig. Aber für Alfred ist es vielmehr ein Auftakt. Ein Neustart. Neulich hat er wieder angefangen zu rauchen und genießt das sehr. Wenn ihn eine Schwester mahnt, wie ungesund das sei, lacht er röhrend und zündet sich die nächste Kippe an. Am Tag unseres Besuchs macht er mit seiner Lebensgefährtin, die noch ›draußen‹ wohnt, Schluss. »Zehn Jahre reichen. Die Frau hat einfach keine Herzensbildung. Und viele Gemeinsamkeiten hatten wir auch noch nie«, erzählt er uns. Endstation? Warten auf den Tod? Wir gucken verblüfft und amüsiert zu Boden. Von wegen. Offensichtlich bedeutet diese Seniorenresidenz für Alfred neuen Schwung. Lebenselixier. Energie. Wir staunen mal wieder. Bislang gehörte das Seniorenheim in unserer Lesart nicht zu einer Kulisse für schönes Altsein.

Aber wie und wann ist Altsein schön? Erfüllend? Gar beglückend? Wie macht man sich im Seniorenheim das Alter und damit auch den Tod zum Gefährten? Wie schöpft man auch aus dieser letzten Lebensphase Kraft und vielleicht so etwas wie Freude, ohne gänzlich die Hoffnung zu verlieren? Vielleicht wenn man – wie Alfred – ganz einfach die Zügel in der Hand hält, solange es geht. Lebendig bleibt. Entscheidungen trifft. Wer handelt, lernt die Welt kennen. Wer handelt, ist dicht dran an allem. Auch hier.

Man sagt, so wie man gelebt hat, stirbt man auch. Wir meinen, das trifft auch auf unser Altsein zu. Wir werden auf eine Weise alt, die unser früheres Leben viel deutlicher spiegelt, als wir glauben. Menschen, die eher passiv durch ihr Leben als Beobachter der anderen gehen, sich fremde Leben borgen und damit ihr eigenes berieseln, werden im Alter auch nicht die Akteure ihres Daseins werden. Sie werden die große Bühne den anderen überlassen und als verlässliche Statisten funktionieren. Aber manche schwingen am Pult beherzt den Stab, dirigieren die Phasen ihres Lebens, bringen die kraftvollen Streicher, die lauten Pauken, die ängstliche Flöte, das sanfte Xylophon zum Klingen. Auch im Alter. So wie Alfred. Mit 95! Der Soundtrack seines Lebens ist definitiv noch zu hören.

> »It's the reason why I can
> dance with the fire.
> Burnin', burnin' low I can stay
> 'til the party is all over.«
>
> Al Green

Wir sitzen mit diesem charmanten alten Herrn in seinem Apartment. Er wollte uns gerne zeigen, wie er wohnt, und natürlich wollten wir es unbedingt sehen. Wie lebt einer mit 95 im Seniorenheim? Was nimmt er noch mit? Was bleibt? Was wird unwichtig am Ende? Da steht ein Bett. Ein Regal. Radio. Ein paar Bücher. Fernseher. Die gemütliche Sitzecke von zu Hause. Viel mehr braucht man wohl nicht. Auf dem Tisch ein voller Aschenbecher, der bereits überquillt. Wie

Alfreds Leben. Ein schräges Bild. Aber es passt irgendwie. So voll. So pur. Alles dabei. Der Exzess. Maßlosigkeit. Freundschaft. Ehe. Abschied. Verlust. Chaos. Kleinscheiß. Im besten Falle Glück. Alles versammelt auf diesem einen Lebensweg, der noch nicht zu Ende gegangen ist. Die Zigaretten sind noch nicht zu Ende geraucht. Die Asche glüht noch. Kreuz und quer. Ein Leben, das irgendwann erlischt. Das normale Dasein. Der normale Kreislauf. Kommen. Und Gehen. Dazwischen so viel Himmel auf Erden.

In der Luft des Apartments hängt und wabert kalter Rauch, was Alfred völlig egal ist. Zurecht. Er steckt sich eine Fluppe an und zieht genüsslich an ihr. Wie herrlich frei schlägt dieser Mann auf. Wie schön scheint es zu sein, wenn egal ist, ob es ein Morgen gibt. Ist das die vollkommene Freiheit, die das Ende uns verheißt? Weil alles gelebt ist. Alles erzählt. Im besten Fall keine Versäumnisse übrig sind. Und trotzdem bleibt der unbeschwerte, furchtlose und neugierige Blick nach vorne. Vielleicht ist das eins dieser großen Privilegien des Alters. Sorglosigkeit. Angstfreiheit. Urvertrauen. Alfred grinst und pustet Rauchkringel in die Luft. Seine Augen sitzen tief in den Höhlen. Mit dem rechten zwinkert er uns durch den Dunst hindurch zu. Echt jetzt? Der Hang zum Flirt hört wohl nie auf. Was doch eigentlich ganz schön ist. Ja. Himmel auf Erden. Den muss man sich erhalten. Gerade, wenn man viel hinter sich hat.

Im zweiten Weltkrieg war Alfred jahrelang in russischer Kriegsgefangenschaft. Er spricht nicht darüber. Hat er nie. Später wurde er Buchhalter. Seine große Liebe traf er früh. Fotos hängen an der Wand. Viele Fotos. Alfred hat drei Söhne. Der älteste ist – kaum zu glauben – 74. Enkel strahlen von der

Wand, Urenkel, gebastelte Kalender und natürlich Christel. Sie ist hübsch und lächelt neben ihm in die Kamera. Ein schönes Paar, das sein gemeinsames Leben durch Kriege, durch Mangel, durch wiedergewonnene Zukunft getragen hat. Ein Band. Ein Zusammenschluss. Eine Einheit. Reliquien eines sehr langen Lebens, das eben immer noch nicht zu Ende ist. Ein Leben, das so besonders, so groß und einzigartig ist. 50 Jahre war Alfred mit Christel verheiratet. Sie verstarb früh, mit 67. Der Gedanke an sie ist – so scheint es – jede Sekunde präsent. Auch in diesem Moment. Mit glasigen Augen pustet Alfred Rauchschwaden aus, als er uns von Christel erzählt. Seiner großen, langen Liebe. Und wir sitzen da und weinen mit ihm. Hemmungslos. Wegen Christel. Und diesen verdammten Abschieden, die keiner will.

Seine alte Schreibmaschine steht neben dem Sessel. Wenn er nicht gerade malt, dann haut er noch in die Tastatur und sinniert über das Leben. Über das, was er verloren hat und nun nicht mehr ist. Aber die Vergangenheit gibt ihm Kraft für das Jetzt. Dabei hört er gerne alte Schlager aus dem Kassettenrekorder.

»Liebling, was wird nun aus uns beiden,
darf ich glücklich oder muss ich traurig sein?
Werden sich unsere Wege scheiden oder
gehen wir ins Land der Liebe ein?«

Johannes Heesters

– ALFRED –

95 Jahre

Wie gestaltet sich Ihr Alltag?

Ich mach mir das Frühstück hier alleine so gegen sieben, dann ziehe ich mich an und stelle mir das Radio ein oder meinen Kassettenrekorder von früher. Unterhaltungsmusik erinnert mich an alte Zeiten. Musik ist für mich alles.

Den Vormittag verbringe ich eigentlich alleine, mit dem, wozu ich Lust habe. Ich ess unten im Restaurant zu Mittag, da habe ich einen festen Tisch und eine Gemeinschaft, und wir machen unsere Spielchen. Schwieriger wird es am Nachmittag, wenn ich alleine bin. Dann kommt die Traurigkeit. Das wechselt bei mir sehr schnell, ich kann sehr humorvoll sein, aber dann eben auch traurig. Dann fehlen mir meine Frau und meine Eltern, dann fehlt mir meine Schwester. Das ist das Hauptproblem, alle sind tot. Ich habe niemanden mehr und lebe allein. Ich denke viel an meine Tochter und schaue mir Bilder an. Oder ich tröste mich mit der Musik, da kann ich eintauchen in die Vergangenheit. Ich bin froh, dass ich Operetten hören kann von damals, von vor 50 Jahren, dann steht die Zeit still.

Hatten Sie nach dem Tod Ihrer Frau noch eine neue Beziehung?

Ich hatte die letzten zehn Jahre eine Lebenspartnerin. Aber wir hatten gerade eine Auseinandersetzung, auch über die Musik, und ich denke wir werden jetzt eigene Wege gehen. Das ist doch nicht so das, was ich mir vorgestellt habe, Liebeszenen in der Operette zum Beispiel, findet sie lächerlich. Das stört mich. Sie will nur ihre Klassik hören. Mir reicht das jetzt, und ich finde, sie hat nicht genug Herzensbildung. Ich hoffe, dass ich jetzt nochmal eine passende Partnerin finde. Ich möchte mich wieder verlieben, auch wenn es etwas verrückt ist. Seitdem ich das neue Toupet habe, sehe ich auch wieder attraktiv aus. Mir fehlt einfach eine Partnerin.

Was gefällt Ihnen denn hier jetzt und in dieser Lebensphase?

Das Leben in der Seniorenresidenz ist eigentlich ganz gut. Ich gehe auch noch alleine einkaufen, alles ist geregelt. Ansonsten mache ich, was ich will. Ich habe wieder angefangen zu rauchen, das genieße ich.

Es entwickeln sich auch Freundschaften, über die Tischgespräche entstehen neue Beziehungen, ich flirte ein wenig mit den Damen am Tisch. Mir fällt immer etwas ein.

Wenn ich mit dem Leben nicht mehr zurecht komme, dann habe ich mir Tabletten zur Seite gelegt. 10 Schlaf- und 10 Beruhigungstabletten. Ich vermisse meine Frau doch so, und ich will auch auffahren. Die Einsamkeit ist die größte Bürde. Es sind ja alle tot. Die Zeit aus meiner Kindheit ist mir so präsent. All die schlimmen Ereignisse aus dem Krieg. Ich habe lange gebraucht wieder ins Leben zurückzufinden, aber es kommt nun doch alles wieder.

Gibt es einen Rat? Kann man sich auf das Alter vorbereiten?

Gedanken über das Altwerden habe ich mir eigentlich keine gemacht. Das habe ich einfach so laufen lassen. Ich dachte, es geht immer so weiter. Bis 85 bin ich auch noch Auto gefahren und habe Urlaub gemacht, in Portugal und Teneriffa, und den Alltag gelebt.

Man soll Leben und es genießen, solange es noch zu leben gibt. Alles genießen, was das Leben bietet, weil man es nie wieder hat. Keiner weiß, wann es aus ist. Da fragt einen ja auch keiner. Es kann morgen schon aus sein, oder es dauert lange. Wir wissen ja nicht, wohin die Reise geht! Wo ist der Himmel, von dem die Kirche spricht?

Nun bin ich hier, wo ich die Möglichkeit habe, auch als Pflegefall betreut zu werden. Noch kann ich einiges. Aber hier habe ich vorgesorgt. Ich hätte in die Nähe der Kinder ziehen können, aber die haben ja keine Zeit. Die haben so viel zu tun und ihr eigenes Leben. Aber auch zu den Enkeln und Urenkeln habe ich nur wenig Beziehung, aber hin und wieder kommt mal einer. Ich beschäftige mich selbst. Ich habe angefangen zu malen. Und ich freue mich darauf, hier in Ruhe zu sitzen und nach dem Essen eine Zigarette zu rauchen. Ich lasse den Tag laufen und warte, was passiert, bis ich abtrete.

Erkenntnisse des Tages

★ *Alfred setzt Maßstäbe. Man sollte leben.*
  Und staunen. Bis zum Schluss.
★ *Der beste Weg hinaus ist immer hindurch.*
★ *Mit 95 können wir endlich wieder rauchen.*

Wir schlafen im Gästeapartment. Eine Wohnung, die für mögliche Anwärter als Testsalon dient. Abends sitzen wir auf unseren Betten. Am Fußende klebt die Fernbedienung, die wir natürlich sofort testen. Kopfende geht hoch. Popo auch. Füße sowieso. Alles gleichzeitig. In unterschiedlichen Ebenen. Wir justieren uns zur guten Nacht. Echt gemütlich. Wir wollen auch so ein Bett und schlafen tief und friedlich. Nur am Morgen hören wir Rufe aus der Pflegestation. Laut. Und klagevoll. Es klingt wie das Warten auf den Tod. Das nahende Ende. Kein Ausweg, keine Hoffnung mehr? Auch hier. Noch im Bett drehen wir die Musik auf. Leid wird allzu gerne übertönt.

Die berühmte Liedzeile entstand in den Sechzigerjahren, als es Querelen in der Band gab. Paul McCartney hatte in dieser Zeit einen Traum, in dem ihm seine früh verstorbene Mutter erschien und ihm sagte, dass alles gut werden würde.

»And in my hour of darkness
she is standing right in front of me
Speaking words of wisdom,
let it be«.

The Beatles

Heute ist Sonntag. Um 10 Uhr beginnt der katholische Gottesdienst im Heim. Eine kleine Kapelle. Ein junger Pastor. Unzählige Rollatoren reihen sich vor der Tür auf. Etliche Pfleger schieben alte Menschen von der Pflegestation zwischen die Bänke. Ein fester, ein wichtiger Termin. Ein starkes Gefühl. Glaube. An was? An wen? Glaubt man im Alter intensiver? Inniger? Wahrhaftiger? Klammert man sich an diese größere Macht? Nimmt es die Angst? Du kannst nicht tiefer fallen als in Gottes Hand. Ein wirklich schöner Gedanke.

Wir sitzen hinten an der Wand. Neben einer kleinen Dame. Sie kauert da mit geschlossenen Augen und scheint zu dösen. »Haben Sie schlecht geschlafen letzte Nacht?«, fragen wir. Sie lächelt und antwortet. »Nein, eigentlich nicht, aber ich bin trotzdem müde.« Ihre Stimme ist brüchig. Wie das Leben selbst, wenn das Alter immer schwerer wiegt. Wir stellen einander vor. Sie sagt: »Hedwig. Meinen Namen können Sie sich gut behalten. Merken Sie sich einfach folgenden Satz, der mich schon mein Leben lang ...« Dann schläft sie mittendrin weg, kippt wie in Zeitlupe auf unsere Seite und lehnt sich sanft mit ihrem Kopf an. Ein Leichtgewicht. Wir sind gerührt. Der Pfarrer spricht seine Psalme. Die Sonne wirft einen goldgelben weiten Schein durch das Fenster. Kleine Staubpartikel tanzen im Licht. Ein geradezu archaischer Moment. Feierlich. Andächtig. Ein Moment, der Milde verheißt. Vielleicht Erbarmen. Ein Moment, den wir nicht mehr vergessen werden. Einer, der in der Welt bleibt. Goldgelber Schein. Dazwischen diese vielen alten Menschen. Manche liegen fast in ihren Rollstühlen und hauchen die Psalme dämmerig vor sich her. Wir schauen uns fragend an. Wer sieht sie? Wer liebt sie? Wer beschützt sie? Ist da jemand? Wo? Hier jedenfalls haben sie eine Art Kokon gefunden.

Andere wiederum sind hellwach, strahlen, atmen tief, als würden sie die Zuversicht des Augenblicks inhalieren und in sich spüren. Das Charisma, die Glut der Gläubigen. Beneidenswert. Aber wir können sie auch fühlen in diesem Moment, während wir uns still umschauen. Diese Glut schwebt fast greifbar zwischen Rollstühlen, trüben Augen, zwischen Altar und betenden Mündern. Ja, wir können es ganz deutlich spüren. Und über uns allen thront der Tod. Aber nicht als Dämon. Vielmehr als Schoß. Als letzte Reise. Ein Mann im Rollstuhl drei Reihen vor uns beginnt zu schnarchen. Seine Frau, ebenfalls im Rollstuhl, ist peinlich berührt und rüttelt ihn wach. »Herr, erbarme dich.«

Uns kommen die Tränen. Schon wieder.

Hedwig wird wach und steigt nahtlos in die Psalme ein. Sie war wohl ihr ganzes Leben viel in der Kirche und verströmt so viel Urvertrauen. Sie faltet ihre dürren, arthritischen Hände. Und – wir können es kaum glauben – erhebt sich zum Gebet. Diese winzige Frau, der ganze Körper im fast 90-Grad-Winkel gebeugt von Bechterew. Für den lieben Gott gibt sie alles und kann sich doch kaum auf den Beinen halten. Textsicher spricht Hedwig ihre Verse. Mit operettenhaft heller Stimme. »Denn dein ist das Reich und die Kraft und die Herrlichkeit in Ewigkeit. Amen.« Sie wackelt. Wir stehen hinter ihr, um sie aufzufangen. Aber sie braucht uns nicht. Taumelnd setzt sie sich wieder hin. Im Sitzen ist sie etwa genauso groß wie im Stehen. Sie lächelt uns wieder an, als wir unsere Hände stützend auf ihren schmalen Rücken legen. »Hedwig, die Nähmaschine näht nicht«, haucht sie uns zu. »So können Sie sich meinen Namen gut merken.«

Wir gucken uns an. Beide mittlerweile tränenüberströmt. Vor lauter Rührung. Es gibt kein Halten mehr.

In einer Ecke neben dem Altar liegt das Buch der Verstorbenen. Bilder und Sprüche erinnern an jene, die gegangen sind. Es gibt auch einen Abschiedsraum. Dort werden die Toten aufgebahrt, damit die befreundeten Bewohner Lebewohl sagen können. Besonders bitter und schwer ist das für Menschen, die auf der Pflegestation gemeinsam im Zwei-Bett-Zimmer liegen. Sie haben vielleicht keine Hoffnung mehr. Aber sie haben einander. Manchmal über Jahre. Zusammengeschweißt bis zum Schluss. Eine Schicksalsgemeinschaft. Die Bindung, so erklärt uns die Heimleitung, ist für diese Menschen gewaltig. Und genauso gewaltig ist dann eben auch der Abschied. Es gab schon Fälle, da starben zwei Mitbewohnerinnen kurz hintereinander, weil es ohne die andere, ohne die Gefährtin im Zimmer, eben nicht ging.

Erkenntnisse des Tages

* ★ *Hedwig. Die Nähmaschine näht nicht.*
  So merkt man sich diesen Namen.
* ★ *Ohne Hoffnung geht es nicht. Niemals. Immer weiter hoffen.*

Wir brauchen eine kurze Pause und ziehen uns in unser Gästeapartment zurück. Auf dem Weg dorthin treffen wir Leni, 83 Jahre. Eine quirlige, lustige Dame aus dem Saarland, die mit ihrem Lebensgefährten und ihren eigenen Möbeln im fröhlichen Trakt, also im Betreuten Wohnen, in einem geräumigen Apartment lebt. Seit drei Jahren. »Sie müssen unsere tolle Wohnung unbedingt sehen. Es ist so herrlich hier«, schwärmt sie. Nach unserer Rührseligkeit im Gottesdienst sind wir dankbar für so viel Überschwang und verabreden uns für später auf einen Kaffee. Gute Nachrichten und Frohsinn können wir jetzt echt gut gebrauchen, denn es sind die ganz großen Fragen, die sich in einer solchen Einrichtung zwangsläufig auftürmen und die uns essentiell berühren. Hier geht es um alles.

Wir liegen auf den automatischen Betten, lassen das Kopfteil in die Höhe rotieren und grübeln über das Konzept der Einrichtung. Es ist schlüssig. Menschlich. Hell. Einladend. Nicht diese Tristesse, die so manch anderes Seniorenheim versprüht und vor der wir alle Angst haben. Jede Abteilung baut hier auf der nächsten auf. Das Angebot richtet sich nach den Bedürfnissen der Bewohner. Maßgeschneidert, je nach gesundheitlicher Verfassung und körperlicher Fitness. Die Chronologie ist vorgezeichnet. Das Tempo nicht. Zuerst kommt man mit seinen eigenen Möbeln und mietet sich in eine Wohnung oder ein Apartment ein. Je nach Wunsch und

Geldbeutel. Es gibt ein leckeres Frühstücksbuffet, und mittags wird für alle Bewohner in hauseigener Küche gekocht. Drei unterschiedliche Menüs, die sie im Speisesaal zu sich nehmen können. Abends kümmert sich jeder um sein eigenes Essen. Viele Bewohner waschen und putzen auch selbst. Viele kaufen tagsüber eigenständig ein. Der Supermarkt ist nicht weit. Zwei Mal wöchentlich gibt es morgens Sitzgymnastik. Der Physiotherapeut kommt her und bietet Anwendungen aller Art. Im Hallenschwimmbad verwöhnen sie die alten Knochen mit Bewegung und herrlich warmem Wasser. Was als Säugling guttut, tut im Alter auch gut. Anfang und Ende. Der große Bogen.

Es gibt Casino- und Filmabende. Nachmittags spielen sie Karten. Es gibt eine Tanzgruppe, die sich regelmäßig trifft, und ein Gedächtnistrainer kommt auch. Das Angebot für die alten Menschen ist bunt und vielseitig. Wer alt ist, braucht Anregung. Beschäftigung. Spaß. Das Ganze hat eher Hotelcharakter mit anliegender Pflegestation. Alle, mit denen wir sprechen, zahlen zwischen 2600 und 3000 Euro monatlich, Essen und sämtliche Freizeitangebote inklusive.

Was irgendwann nicht mehr geht, wird hinzugebucht. Die Reinigungskraft, ambulante Pflege für morgens oder abends, Essenslieferung aufs Zimmer. Alles je nach Bedarf. So bauen sie sich hier ihre Stützpfeiler. Und irgendwann ist die Pflegestation dann eben auch die Endstation.

»*Old friends. Memory brushes the same years. Silently sharing the same fears.*«

Simon and Garfunkel

Um 12 Uhr gibt's Mittagsessen. Der Speisesaal ist bereits gut gefüllt, als wir kommen und von allen herzlich begrüßt werden. Wir fühlen uns hier schon fast ein bisschen heimisch und spüren, wie vertraut und aufgehoben die Menschen in ihrer Gemeinschaft sind. Wenn alles durchlässiger wird, ist Geborgenheit fast lebenswichtig. Die hier ihr Zelt im Alter aufgeschlagen haben, sind umgeben von der wohligen Wärme der Gruppe. So viele Witwen sind hier. Kinder und Enkel weit weg. In der Gemeinschaft bleibt das Alltägliche anregend, die Seele friedlich. Neurologen vergleichen das Gehirn mit einem Teich. Ist die Oberfläche glatt und ruhig, kann der Stein Wellen schlagen. Man spürt die Bewegung. Wenn alles in Aufruhr ist und Chaos herrscht, geht ein Impuls einfach unter. Man spürt ihn nicht einmal. Im Alter scheint sich in dieser großen, weiten Ruhe der Blick für Kleinigkeiten wieder zu schärfen. Das ist ein tröstlicher Gedanke.

Wir nehmen ganz hinten am Tisch einer einzelnen Frau Platz und gucken uns um. Waltraud, unsere Sitzgymnastikgenossin, sitzt mit drei älteren Damen an einem Tisch am Fenster und winkt uns fröhlich zu. Sie unterhalten sich sehr konzentriert. Weiter links sitzt Leni, die lustige Saarländerin, in einer größeren Gruppe und strahlt.

Alfred kommt mit seinem Rollator durch die Tür und flirtet erstmal mit der 93jährigen Elisabeth. Auf sie hat er wohl schon länger ein Auge geworfen.

»Ich wünsche Ihnen einen schönen Tag. Feiern Sie ihn, als wäre es der letzte«.

»Mensch, Alfred! Dein Humor, also wirklich«, lacht Elisabeth und guckt fast ein wenig verschämt in die Runde.

Szenen, Flirtversuche, Leben, Überleben im Speisesaal.

Weiter drüben sitzt auch Hedwig. Solange es geht, versuchen sie die Bewohner am normalen Leben teilhaben zu lassen. Unter Menschen. In Gesellschaft. Wärme um sie herum. Hedwig guckt gerade so eben über die Tischkante. Sie sagt nichts, aber sie ist Teil der Gemeinschaft. Neben ihr eine junge Altenpflegerin. Hedwigs Augen sind auch hier meist geschlossen. Sie muss wirklich sehr müde sein. Langsam öffnet sie ihren Mund und lässt sich füttern und sieht dabei ganz zufrieden aus. Auch sie gibt sich der Zeit, den Gegebenheiten, dem Schicksal hin. Da muss man erstmal hinkommen. Die Welt ist noch da. Und Hedwig in ihr, kaum sichtbar. Und doch so groß. So beeindruckend für uns. Als Hedwig ihre Augen kurz öffnet, erblickt sie uns und lächelt.

»Hedwig. Die Nähmaschine näht nicht.«

Diesen Moment vergessen wir nie mehr. Er hat nichts Beklemmendes. Er ist nur anrührend. Nachhallend. Hier leben Menschen wie Alfred oder Hedwig, die sich der Zeit hingeben und offensichtlich das Beste daraus machen. Vielleicht lernt man das erst wirklich, wenn man in die Jahre kommt: Hingabe. Frei sein. Himmel auf Erden.

Alfred setzt sich an unseren Tisch und überreicht uns ein kleines Büchlein mit Texten, die er auf seiner Schreibmaschine selbst verfasst hat. Titel: *Tipps sowie musikalische Lösungen bei Stimmungstiefs in Liebesbeziehungen*.

»Das ist mein kleines Vermächtnis«, sagt Alfred.

Wir blättern ein wenig. Kapitel eins. »Du bist allein, traurig und lustlos?«, steht da. Und weiter. »Tipp: Mach etwas Musik. Mit Musik geht alles besser. Sing deine Lieblingsmelodie. Suche Kontakt mit Freunden. Raus aus den vier Wänden.«

»Das schenke ich euch beiden«, sagt Alfred und zieht ein zweites Büchlein aus der Tasche. »Für Notfälle.«

Wir sind mal wieder gerührt.

Ein Tisch weiter winkt uns ein Ehepaar stürmisch an seinen Tisch. Redebedarf gibt es offensichtlich überall. Und wir sind – wie schon erwähnt – für alle eine schöne Abwechslung mit unseren vielen Fragen. Der Stein im glatten Teich.

Seit vier Jahren wohnen Anton und seine Frau Maria hier in der Residenz. Er 82, sie 77. Eigentlich kommen sie aus Marburg an der Lahn, aber dann hatte Maria einen Schlaganfall, während ihres Urlaubs in Bad Füssing, und so sind sie hier hängengeblieben. Maria hat sich seither ganz gut erholt, vieles kann sie nun wieder alleine. Nur die Vergesslichkeit hat sie behalten, deshalb wohnen sie und ihr Mann getrennt. Maria auf der Pflegestation, Anton in einem kleinen Apartment im Haus. Morgens um 7 Uhr rufen sie sich über die 20 Meter des Flurs an und wünschen sich einen guten Morgen. Zum Essen treffen sie sich im Restaurant. Das ist ihr Leben geworden. Die beiden Kinder kommen zwei Mal im Jahr zu Besuch.

»Sie brauchen ihre Freiheit, ihr eigenes Leben«, versichern uns die beiden. Aber so ganz glücklich scheint es sie nicht zu machen.

Mit der Betreuung sind Anton und Maria zufrieden. Doch ihr altes Zuhause, das fehlt ihnen schon. In ihrem Haus wohnen nun andere. Sie haben es den Kindern überschrieben und damit nun auch ihren Frieden gemacht. Es hilft ja nichts. Freundschaften zu pflegen von früher, das geht nicht mehr, sie sind ja hier an den Ort gebunden. Die Rente der beiden reicht nicht für die Kosten, die Pflege von Maria ist teuer, die Kinder zahlen obendrauf – jeden Monat 700 Euro. So endete der Urlaub damals und mündete in dieses Leben.

Wir verlassen den Tisch ein bisschen deprimiert.

Erkenntnisse des Tages

* *Alles Leben ist Beziehung.*
* *Manchmal sind Momente Impulsgeber für ein ganzes Leben.*
* *Humor hilft immer.*
* *Es gibt Dinge, die kann man nicht ändern im Alter.*

Sind am Ende alle gleich, wenn die Luft entweicht? Wer weiß. Hier in der Seniorenresidenz in Bad Füssing jedenfalls ziehen sie am selben Strang. Sie bieten dem Altsein die Stirn, stellen sich in den Wind, atmen tief, öffnen ihr Herz und machen etwas Gutes daraus. Waltraud, Hedwig, Alfred, Leni. Anton und Maria. Sie warten hier nicht auf den Tod. Sie leben. Ganz einfach. Von Tag zu Tag.

Nach dem Mittagessen machen die Herrschaften ein Nickerchen. Für den Nachmittag sind wir zu Kaffee und Kuchen verabredet. Mit Leni in ihrer Wohnung, auf die sie so stolz ist. Und zuvor im heimeigenen Café mit Waltraud, Gerda, Elisabeth und Ingeborg. Alle in den Zwanzigerjahren des letzten Jahrhunderts geboren. Was für eine Strecke liegt hinter ihnen, wie viel Erfahrung haben sie gesammelt. Wir sitzen auf unserem Bett und freuen uns auf den Nachmittag. Man sollte alten Menschen einfach viel häufiger zuhören. Sie geben uns Anstöße. Und neue Orientierung. Und so viel Zuversicht.

Punkt 15 Uhr sitzen die Damen herausgeputzt und ausgeschlafen im Café. Schöne Frauen. Imposant. Toll gekleidet. Ohrringe baumeln unter den perfekt frisierten Haaren. Was für Gesichter. Voller Kontur, Eleganz und Würde. Die Falten und Linien ihrer Haut sind ebenmäßig und schön. Wie ein feines Netz, das ihr Leben zusammenhält und sich behutsam um die vielen Jahrzehnte und Erinnerungen gesponnen hat. Ihr Leben haben sie dort konserviert.

Das Motto der Einrichtung kommt ihnen allen entgegen. »Das gute Leben pflegen.« Die Tasse Kaffee ist erstaunlich schnell verputzt. Bei jedem Schluck klackern die Ringe gegen das Porzellan. Hier gibt es so etwas wie Routine. Gewohnheit im besten Sinne. Das merkt man schnell. Die Kellnerin eilt herbei. Sie kennt die nachmittägliche Choreographie offensichtlich. Und bringt den Damen jeweils ein schönes kaltes Glas Weißwein. Auch das passt zum Selbstverständnis der Einrichtung. Und zu den Damen. Wer alt ist, hat das Sagen und entscheidet, was ihm bekommt oder nicht. Selbstbestimmtheit. Im Alter vielleicht wichtiger denn je. 300 Menschen vereint im letzten Lebensabschnitt in einer Art Dorfgemeinschaft, in der so manch altes Regelwerk über Bord geschmissen wird und neue Strukturen entstehen. Das kommt den vieren entgegen. Sie nippen an ihrem Wein und freuen sich regelrecht auf unsere Fragen. Und wir auf ihre Antworten. Prösterchen.

Sie erzählen von ihrer Jugend, die begann, als die Weimarer Republik in Deutschland ihr Ende nahm. Während wir diese spannende Zeitreise unternehmen dürfen, betrachten wir diese vier tollen alten Damen und denken: Wie schön wäre es gewesen, unsere eigenen Eltern als junge Menschen zu kennen. Wie schade, dass dies niemandem vergönnt ist. Wie sie wohl waren damals? Als Menschen? Als Paar? Wer noch Eltern hat, sollte darüber mit ihnen sprechen. Fragen stellen. Was hat sie damals umgetrieben? Motiviert? Verändert? Beglückt? Sie waren ja nicht immer Eltern.

– GERDA –

94 Jahre, seit 13 Jahren in der Residenz

Wie ist Ihr jetziges Lebensgefühl?

Ich bin nun seit 13 Jahren hier in dem Wohnheim, ich fühle mich zufrieden und eigentlich auch wohl. Ich bin froh, dass ich mir das Leben hier leisten kann.

Was läuft denn aus Ihrer Sicht hier besonders gut?

Ich bekomme Hilfe, wenn ich sie brauche. Meine Kinder leben weit weg, da kann ich keine schnelle Unterstützung erwarten. Aber hier fühle ich mich sicher und gut aufgehoben, es ist sehr persönlich. Vom Hausmeister an kennt mich jeder beim Namen.

Was könnte schöner sein?

Es wäre schön, häufiger Besuch zu bekommen. Die Kinder melden sich zwar bei mir, und sie kommen auch einmal im Monat, aber es ist schon alles weit weg.

Haben Sie sich auf die jetzige Lebensphase vorbereitet?

Ich war früher häufig zur Kur hier in Bad Füssing, der Ort gefiel mir schon immer gut. Dann habe ich ein Probewohnen vereinbart, um zu sehen, wie es hier sein könnte. Es hat mir gefallen, und als mein Mann dann tot war, wollte ich nicht alleine bleiben.

Welches Privileg bietet das Alter?

Keiner meckert mehr an einem herum, ich muss keinem mehr gefallen. Das finde ich herrlich.

Ist Einsamkeit ein Thema?

Ich habe früher viele Interessen gehabt, auch viel Sport getrieben. Jetzt schaue ich viel fern und schlafe auch gerne. Hier haben sich für mich auch Freundschaften entwickelt, ich langweile mich nicht und denke nicht über Einsamkeit nach.

Haben Sie einen Tipp für jüngere Menschen aus ihrer jetzigen Lebenssicht?

Man muss sein Leben leben. Aussprechen, was man will und denkt, man braucht Freunde und sollte Reisen, solange man noch kann. Außerdem ist es wichtig, auf sein Geld zu achten, sonst kann man sich ein Heim wie dieses hier nicht leisten. Letztendlich ist das Leben auch Glückssache.

Das A und O ist, unabhängig zu sein, eine gute Rente ist viel wert.

Nach-
gefragt
bei ...

– INGEBORG –

92 Jahre, ehemalige Bibliothekarin, kinderlos

Wie ist Ihr jetziges Lebensgefühl?

Ich habe hier meine eigenen kleinen vier Wände, habe Kontakt zu anderen und auch zu Menschen, die mir helfen. Ich fühle mich nicht als Nullnummer. Ich kann mir selber ja keine Namen mehr merken, aber hier weiß jeder, wer ich bin und wie ich heiße.

Was läuft denn aus Ihrer Sicht hier besonders gut?

Mir wird hier viel geboten, Veranstaltungen und so weiter. Alleine gehe ich ja nur ein wenig spazieren und zum Einkaufen mit meinem Rollator.

Was könnte schöner sein?

Ich vermisse einen passenden Mann. Die Freunde von früher, die fehlen mir. Aber die Freundschaften über eine lange Entfernung funktionieren hier eben nicht mehr, oder die Freunde sind bereits tot.

Haben Sie sich auf die jetzige Lebensphase vorbereitet?

Ich hatte mir schon länger überlegt, dass ich mal in ein Seniorenwohnheim gehen würde. Bevor ich alleine dasitze. Deshalb habe ich mir auch etliche Möglichkeiten angeschaut. Hier die Seniorenresidenz kannte ich schon, und ich wusste, das ist eine Option.

Welches Privileg bietet das Alter?

Man hat nicht mehr so viele Pflichten und endlich Zeit. Man kann Dinge in Ruhe tun, man kann sich jederzeit ausruhen. Das nimmt mir den Stress.

Ist Einsamkeit ein Thema für Sie?

Wenn man sich zurückziehen will, dann ist man selber schuld. Beste Freundinnen gibt es im Alter eh nicht mehr, die wohnen woanders oder sind schon gestorben. Kinder habe ich leider keine bekommen. Also arrangiere ich mich hier.

Haben Sie einen Tipp für jüngere Menschen aus ihrer jetzigen Lebenssicht?

Ein guter Mensch sein, das ist erstrebenswert. Früh etwas für seine Gesundheit zu tun ist wichtig. Man muss sich jeden Tag bewegen.

– ELISABETH –

92 Jahre, Schwarm von Alfred

Wie ist Ihr jetziges Lebensgefühl?

Ich bin frei zu tun, was ich mag. Keiner schreibt mir etwas vor.

Was läuft denn aus Ihrer Sicht hier besonders gut?

Ich kann Angebote annehmen vom Hausprogamm, aber es gibt keinen Zwang. Alles kann, nichts muss – das gefällt mir sehr. Ich werde mit Respekt behandelt, und ich fühle mich hier Zuhause.

Was könnte schöner sein?

Die Gesundheit ist natürlich immer ein Thema. Das macht mich manchmal ungeduldig und unwirsch. Ich leide auch darunter, dass keiner mehr etwas von früher wissen will. Das Leben war so voll, und nun ist niemand mehr da, den es interessiert, wie mein Leben war. Keiner teilt mit mir die alten Erinnerungen. Mir fehlt der Beruf, das Reisen. Aber das geht ja nun nicht mehr, die Kraft verlässt mich nun doch.

Haben Sie sich auf die jetzige Lebensphase vorbereitet?

Als mein Mann starb, habe ich nicht nur seine, sondern auch meine Beerdigung vorbereitet. Und ich hatte mir überlegt, dass ich, bis es so weit ist, in diese Residenz hier möchte. Ich komme aus der Gegend und kannte diese Einrichtung hier schon.

Welches Privileg bietet das Alter?

Ich habe es hier schön und brauche mich um nichts mehr zu kümmern. Die Dinge des Alltags fallen mir nämlich schwer, und das ist alleine für mich zu anstrengend. Ich kann mir das hier leisten und tue es auch, für wen soll ich auch mein Geld sparen.

Ist Einsamkeit ein Thema?

Ja, ich habe keine Depressionen, aber ich fühle mich oft leer. Dann gehe ich hier runter und suche die Gesellschaft, das vertreibt die dunklen Gedanken. Aber ich kann das Alleinsein nicht gut ertragen, ich habe sogar Angst davor. Wenn ich merke, die Angst kommt, dann versuche ich ruhig zu bleiben,

an die frische Luft zu gehen und eben die Gesellschaft zu suchen. Es muss ja weitergehen. Das Alter ist auch eine Bürde
für mich.

**Haben Sie einen Tipp für jüngere Menschen aus ihrer
jetzigen Lebenssicht?**

Man sollte Schicksalsschläge annehmen und nicht verdrän-
gen. Immer das Beste daraus machen, ist meine Devise.

Nach-
gefragt
bei ...

– WALTRAUD –

93 Jahre, aus München,
seit 7 Jahren in der Seniorenresidenz

Wie ist Ihr jetziges Lebensgefühl?

Ich fühle mich hier gut aufgehoben, es gibt viel Programm.
Zweimal die Woche machen wir Gymnastik, und es gibt eine
Nordic Walking Gruppe. Deshalb bin ich noch sehr beweg-
lich. Auch geistig bin ich noch fit. Wir spielen viel Karten,
hier alle gemeinsam. Wir leben hier! Dazu kommt: Mein
Sohn wohnt hier in der Nähe, das ist natürlich schön, wenn
er mich besucht.

Was läuft denn aus Ihrer Sicht hier besonders gut?

Ich kann mich noch selbst am Leben beteiligen, ich halte
immer wieder Vorträge – die Geschichte Münchens ist eines

meiner Hobbys. Es ist schön, dass es hier auch Raum für so etwas gibt. So bleibe ich aktiv im Leben.

Was könnte schöner sein?

Mir fehlt einfach die Stadt, das bunte Leben dort und meine Wohnung, meine Freunde. Die eigenen Wurzeln sind weg, es hält einen nichts mehr. Außerdem ist es natürlich auch gesundheitlich zunehmend schwerer.

Haben Sie sich auf die jetzige Lebensphase vorbereitet?

Nein, ehrlich gesagt nicht. Ich habe mir nie Gedanken gemacht und es einfach laufen lassen. Aber dann hat sich meine Gesundheit verschlechtert und ich kam alleine dann doch nicht mehr so gut zurecht, mit dem Waschen, dem Putzen, dem Kochen und dann bin ich hier eingezogen und hatte Glück, dass etwas frei war.

Welches Privileg bietet das Alter?

Es gibt kein »Muss« mehr, ich bin frei. Ich werde hier verwöhnt und freue mich, dass ich nichts mehr tun muss.

Ist Einsamkeit ein Thema?

Es gibt hier viel Natur, einen schönen Park, da verbringe ich gerne die Zeit. Das Thema Einsamkeit darf man gar nicht erst aufkommen lassen. Man muss sich ablenken. Es bringt einen ja nicht weiter.

Haben Sie einen Tipp für jüngere Menschen aus ihrer jetzigen Lebenssicht?

Man sollte sich im Leben engagieren und unter Menschen gehen, nicht verzagen und für die Gemeinschaft leben. Das gibt einem Lebensinhalt und Freude. Eine Aufgabe zu haben, ist wichtig.

Von der Stadt aufs Land zu ziehen, das finde ich schwierig. Ich wäre lieber in der Stadt geblieben in einem Heim, aber das war zu teuer.

>»Don't stop thinking about tomorrow.
> Don't stop, it'll soon be here.
> It'll be, better than before.
> Yesterday's gone, yesterday's gone.
> Why not think about times to come?«
>
> Fleetwood Mac

Leni und ihr Lebensgefährte Walter haben es da besser getroffen. Vor drei Jahren kamen sie, weil sie sich ein großes Apartment im Haus leisten konnten und noch keine extra Pflege brauchten. Es ist eine schicke Wohnung, fast 80 Quadratmeter groß. Die weißen Bücherregale haben sie von zu Hause mitgebracht. Teppiche, das Ledersofa, der große Fernseher. Das Alte hat hier in neuer Kulisse einen Platz gefunden. Der Umzug hat funktioniert. Gedanklich und emotional.

Für Leni und Walter ist es die zweite lange Partnerschaft. Seit 13 Jahren sind sie jetzt ein Paar. Kennengelernt haben sich die beiden hier in Bad Füssing. Beim Tanz. Leni tanzt für ihr Leben gern. Doch Walter ist sieben Jahre älter und nun leider schon länger krank. Er kann nicht mehr aus dem Haus, die Prostata.

Als Walter krank wurde und Leni das große Haus mit Pool nicht mehr alleine sauber halten konnte, fiel die Entscheidung für die Seniorenresidenz. Leni würde heute gerne um die Häuser ziehen, Theater besuchen, Reisen, Tanzen – aber das schafft ihr Walter nun nicht mehr, und so bleibt sie eben auch daheim. Leni geht hier zum Frisör, zur Maniküre, zur Pediküre und ist froh, ein neues Zuhause gefunden zu haben. Wie ein Hotel sei das, schwärmt sie. Jeden Tag steigt sie auf ihr Trimmrad im Zimmer und radelt eine halbe Stunde, dann kann sie sich den Kuchen am Nachmittag auch leisten, betont sie. So leben sie nun in den Tag hinein, mit der Vergangenheit haben sie abgeschlossen. Leni ist Wohnbeirätin in der Residenz und kümmert sich um Sorgen und Anliegen der Bewohner, das erfüllt sie mit Zufriedenheit. Um den Verstand fit zu halten, puzzeln sie gemeinsam – 1000 Teile liegen halbfertig auf dem Tisch.

Und dann setzen wir uns hin und reden.

Nach-
gefragt
bei...

– LENI –

*83 Jahre, gemeinsam mit ihrem
Mann seit 3 Jahren in der Seniorenresidenz,
3 Kinder aus erster Ehe*

Was gefällt Ihnen denn besonders gut?

Die Gemeinschaft, die Freundschaft, die Kameradschaft: Die sind toll! Daheim würde man alleine dasitzen, auch mit Partner, irgendwann hat man sich ja nicht mehr andauernd etwas zu sagen. Ich komme eigentlich aus dem Saarland, aber ich habe meinen neuen Partner hier im Ort während des Urlaubs kennengelernt vor 13 Jahren, beim Tanzen in Bad Füssing. Ich war hier jedes Jahr im Urlaub, auch weil ich so gerne tanze, da habe ich mich immer drauf gefreut. In den Hasslingerhof (ein Musik -und Veranstaltungsstadl) bin ich schon immer gerne gegangen.

Fehlt Ihnen etwas, so fernab der Heimat?

Also hier im Haus fehlt mir gar nichts. Nur privat würde ich ein bisschen mehr ausgehen. Doch mein Partner ist krank, und wir gehen nicht mehr aus. Das ist schade, aber alleine macht es mir auch keinen Spaß.

Das eigene Haus, das fehlt mir nicht. Das war mir alles zu groß. Wirklich verrückt, aber ich wollte hier in Bad Füssing schon immer gerne alt werden, nun wird der Traum wahr. Meine Tochter hat mich dazu ermutigt. Besuch bekomme ich ganz selten. Die Kinder haben ihr eigenes Leben, meine Tochter wohnt in der Pfalz, sie war noch gar nicht hier. Ich war das letzte Mal vor zwei Jahren bei ihr, aber mir ist das zu stressig, die Fahrt, der Aufwand. Wir telefonieren häufig und lange. Der Sohn war jetzt einmal da, der wohnt im Saarland. Aber da habe ich Verständnis, ich weiß, die Kinder denken an mich und wir haben ein gutes Verhältnis. Wenn was ist, wir haben ja das Telefon. Freunde habe ich auch keine mehr woanders, ab und zu vermisse ich das, aber das ist jetzt so. Die Entfernungen sind zu groß. Hier habe ich ja viel Abwechslung.

Was gefällt Ihnen denn am Leben hier?

Ich muss nicht mehr kochen! Das finde ich toll, das Kapitel habe ich abgehakt. Es ist schön, dass wir gemeinsam im Restaurant essen bekommen und wir uns dabei unterhalten können. Wir – mein Lebensgefährte und ich – sind ja zu zweit, und da ist man nicht einsam. Aber es sind auch sonst so viele interessante und nette Menschen hier.

Ich bin jetzt glücklich. Ich bin hier frei, ich habe keine Pflichten. Ich muss mich nicht mehr um das Haus kümmern. Das ist wie Urlaub hier.

Haben Sie gehadert mit der Entscheidung?
Was hätten Sie vielleicht anders gemacht?

So wie es jetzt ist, ist es gut. Ich bin hier, und das ist wunderbar. Ich hätte mich vielleicht früher gegen ein eigenes Haus entschieden. Ich war 15 Jahre lang alleine darin mit allen Pflichten, denn mein Ehemann ist gestorben.

Ich wollte schon immer in eine Art Heim, denn ich hatte Sorge, was ich machen würde, wenn ich weiter alleine bliebe und krank würde. Ich kann ja viele Dinge nicht. Hier in diese Wohnung im Seniorenheim sind mein Partner und ich vor fünf Jahren eingezogen, als er dann krank wurde.

Was würden Sie anderen raten?

Man sollte sich schon Gedanken machen und überlegen, wo man später mal hin möchte. Solange man es sich noch aussuchen kann. Es gibt natürlich solche und solche Häuser. Es ist ratsam, vorher zu schauen, wo man hin mag und was einem gefallen könnte.

Allerdings muss man es sich auch leisten können, in eine Seniorenresidenz wie diese hier zu gehen. Wir zahlen 2800 Euro mit Essen und Wohnen für das Apartment mit 52 Quadratmetern. Pflege brauchen wir ja noch keine. Ich vermisse das Reisen. Wir waren so häufig weg, wir waren überall auf der Welt, in Indien, China, Russland und ach, überall.

Jetzt zehren wir davon, wir haben immer was zu erzählen, und das ist wunderbar.

Wenn Sie auf Ihr Leben gucken, welche Bedeutung hat diese Lebensphase?

Das ist meine schönste Lebensphase jetzt. Ich hatte viel Kummer, ich hatte ein spastisch-behindertes Kind und ich habe es 36 Jahre gepflegt, bis zu ihrem Tod vor zehn Jahren. Auch wenn ich tagsüber Zeit hatte – sie war in einer Tagespflege –, war ich immer angespannt und musste mich kümmern und rund um die Uhr für mein Kind da sein.

Welche Vorteile sehen Sie hier?

Ich bin ein Herdentier. Hier habe ich mein Umfeld gefunden. Hier habe ich nun Freundschaften, die lange halten, denn hier bleiben ja alle. Ich engagiere mich hier. Ich helfe, wenn mich jemand braucht, das ist auch schön. Ich habe eine Aufgabe. Hier bin ich gut versorgt, auch das ist ein beruhigendes Gefühl. Die Leute kümmern sich, man ist keine Nummer, sondern ein Gast. Auch die dementen Bewohner werden mit so viel Geduld betreut, alle sind liebevoll und zuvorkommend, jeder wird mit dem Namen angesprochen. Wir haben hier das Apartement mit Balkon und da bekommen wir auch mit, was draußen los ist, und wir sind immer auf dem Laufenden.

Ich bleibe hier, man trägt mich nur mit den Füßen zuerst heraus. Ich habe den Schritt nie bereut.

Was ist im Alter wichtig?

Dass man seinen Verstand behält, ist wichtig. Dass die Gesundheit mitmacht. Dass man am Programm, das einem hier geboten wird, auch teilnehmen kann. Am Leben teilzuhaben, ist das Wichtigste überhaupt.

Und was denken wir?

- *Christiane*
  Pro: Der letzte Frühling kann schöner sein als der erste!
  Contra: Altenheime riechen eigenwillig.
- *Barbara*
  Pro: Man fühlt sich umsorgt und aufgehoben, findet jede Menge Gleichgesinnte und kann seine eigenen Möbel mitbringen.
  Contra: Zu viel Franzbrandwein. Es hält einem zu deutlich die letzte Station vor Augen.

SENIORENRESIDENZ

Bislang verbringt ein Rentner in München
beispielsweise *nur noch*
sechs Wochen in einem Heim,
bleibt also so lange wie möglich
zu Hause und möchte sein
selbstbestimmtes Wohnen
nicht aufgeben.

Unabhängigkeit und die eigenen vier Wände
mit der Sicherheit, *im Notfall betreut*
zu sein, wünschen sich zwei Drittel
aller hochbetagten Rentner.

SENIORENRESIDENZ

Die *Zahl der Hochbetagten,*
also der Menschen über 85 Jahren,
hat sich in den letzten 10 Jahren **verdoppelt**
und wächst deutlich stärker als die Zahl
der älteren Menschen über 65 Jahren.

Für ein *1-Zimmer-Apartment*
mit 30 Quadratmetern Wohnfläche
werden im Schnitt **1350 Euro** monatlich fällig.
2 Zimmer kosten um die 2000 Euro Miete.
Verpflegung, Reinigung und etwa Einkauf-
service müssen dazugebucht werden.
Gehobene, privat geführte Seniorenresidenzen
können bis zu **5000 Euro** monatlich kosten.
Grundsätzlich dürfen die *eigenen Möbel*
mitgebracht werden.

Je früher der Wechsel des Zuhauses stattfindet, desto wohler fühlen sich die Bewohner und ***desto länger*** leben sie in dem neuen Umfeld.

Seniorenwohnheime bieten die Möglichkeit ***zum Probewohnen*** an. Besonders gefragt sind Einrichtungen, die selbstständiges Wohnen ermöglichen und ***sukzessive pflegerische Betreuung*** anbieten.

Ortswechsel bei fortschreitendem Alter und veränderter gesundheitlicher Verfassung ***wirken sich negativ*** auf die Lebenszufriedenheit und -dauer aus.

NACHWORT

»Man schafft niemals Veränderung,
indem man das Bestehende bekämpft.
Um etwas zu verändern,
baut man neue Modelle, die das Alte
überflüssig machen.«

Richard Buckminister Fuller,
amerikanischer Philosoph und Architekt

Was hat uns das nun alles gelehrt? Welchen Abdruck hinterlässt dieses Buch in uns? All die Gespräche, die Entdeckun-
gen, unsere Reisen in die so unterschiedlichen Wohn- und
Lebensweisen waren vor allem eins: inspirierend und lehrreich. Von den Alten können wir viel lernen, besonders von
den Mutigen. Ihre Botschaften waren klug und aufregend,
manchmal traurig. Und sie sind uns ganz sicher Wegweiser
und Ansporn für unser eigenes Älterwerden.

Jemand hat mal gesagt: »Ein Schiff liegt im Hafen sicher, aber dafür wurde es nicht gebaut.« Das gilt auch fürs Älterwerden.

Jedes Wohnmodell, in dem wir probegelebt haben, hat seine Reize, aber auch seine Tücken. Wir haben gelernt: Einsamkeit zwingt Menschen in die Knie. Gemeinschaft kann glücklich machen, aber auch bedrängen. Unser Älterwerden darf den Draht zur Welt nicht verlieren und sollte dem Leben zärtlich begegnen. Familien, Kinder sind nicht automatisch unser Halt in der Welt. Wasser ist manchmal eben dicker als Blut. Die Menschen, die man eng um sich schart, sollten Vertraute sein. Gefährten. Komplizen.

Ein schönes Älterwerden ist nicht immer abhängig von viel Geld. Aber finanziell vorzusorgen für das Alter, öffnet weitere Möglichkeiten.

So oder so: Wir haben gute Karten für unser Älterwerden. Wenn wir gesund bleiben, ist unsere Lebenserwartung üppig. Die nächsten 30 Jahre könnten leichter und glücklicher werde als die vergangenen 30.

Wir sollten immer offen bleiben für Veränderung. Für Neues. Denn was einmal gut war, ist es im Alter vielleicht nicht mehr. Alle Chancen liegen vor uns. Wir sollten nicht nur darüber reden.

Es lohnt sich, das Leben immer wieder unter die Lupe zu nehmen, unsere Welt anzufassen und zu überprüfen. Wo sind wir? Wer sind wir? Und wer ist an unserer Seite? Sind es die Richtigen?

Studien belegen: In unglücklichen Beziehungen zu verweilen, ist schlecht für die Gesundheit. Aus gesunden Beziehungen wiederum folgt gute Gesundheit. Das muss kein

Ehepartner sein. Es müssen Menschen sein, denen wir vertrauen, die mitfühlen, die sich mit uns freuen und mit uns trauern. Und wir mit ihnen.

Denn auch das haben alle Lebensmodelle, die wir besuchen durften, gemein: Wir brauchen Menschen, die uns verzeihen und denen wir verzeihen können. Menschen, die an unserer Seite sind, ohne Fragen zu stellen. Menschen, die mit uns gemeinsam gehen und denken. Mit diesen Menschen wollen wir alt werden, wollen wir leben.

Vielleicht ist es am Ende fast egal, in welcher Kulisse wir landen. Vielleicht wird es die Alters-WG, vielleicht das Tinyhouse. Vielleicht leben wir auch Wand an Wand, oder einfach nur im selben Viertel und stürmen Theater und Kinosäle. Vielleicht reisen wir im Wohnmobil gemeinsam durch die Welt und entdecken Ungeahntes. Vielleicht aber genießen wir auch einfach den Garten und kämpfen mit den Schnecken im Salatbeet. Vielleicht leben wir in großer, vielleicht in kleiner Gemeinschaft. In der Stadt. Oder auf dem Land.

Am Ende müssen wir mit uns im Reinen sein.

Wir haben die Wahl und die Chance. Uns erwartet eine schöne Lebensetappe, eine Phase, die spannend und gesellig, die lustig, nachdenklich und inspirierend sein kann.

So wollen wir im Alter leben. So wollen wir am liebsten uralt werden. Und wie wir das wollen! Hand in Hand.

Statt einsam gemeinsam.

»All the records are playing
And my heart keeps saying Boogie wonderland
Dance, boogie wonderland
Dance, boogie wonderland …«

Earth, Wind & Fire

– QUELLENNACHWEIS –

1   Wissenschaftszentrum Berlin für Sozialforschung, WZB, 2018
2   GfK Studie 2/2020
3   Allensbacher Markt-und Werbeträgeranalyse 2020
4   Verband Pflegehilfe 2019
5   Barmer Pflegereport 2019
6   Barmer Pflegereport 2019
7   Barmer Pflegereport 2019
8   Institut für interdisziplinäre Forschung der Mensch-Tier-Beziehung 2020
9   Institut für interdisziplinäre Forschung der Mensch-Tier-Beziehung 2020
10 Statista Research Department 2020
11 Statista Research Department 2020
12 Campingreport 2020
13 Campingreport 2020
14 ARAG 2020
15 Rentenstatistik 2019
16 Wirtschaftswoche 8/2020
17 Wirtschaftswoche 8/2020
18 Wirtschaftswoche 8/2020

19 Deutsche Verbindungsstelle Krankenversicherung Ausland (DVKA)

20 Erfahrungsbericht Christa M. – in Thailand, Januar 2020

21 Wirtschaftswoche 8/2020

22 Hannoversche Allgemeine

23 Pasqualina Perrig-Chiello, Schweizer Psychologin

24 Studie »Transitions and Old Age Potential« 2020, Bundesinstitut für Bevölkerungsforschung

25 Matthias Günther, Pestel Institut Hannover-Studie »Wohnen in der Altergruppe65plus« 2019

26 Matthias Günther, Pestel Institut Hannover-Studie »Wohnen in der Altergruppe65plus« 2019

27 Max-Planck-Gesellschaft: Studie Evolution and Human Behavior 2016

28 Gesundheitsreport AOK 2020

– DANKSAGUNG –

Vielen Dank an alle, die uns so offenherzig in ihr Leben gelassen und mit ihren Ansichten so bereichert haben. Ihr alle wart ein Glücksfall. Unsere Vorstellung von Leben im Alter ist nun heller denn je ...

»Are you ready for a new sensation?«

INXS

CHRISTIANE HASTRICH
BARBARA LUEG

Das Schönste an uns sind wir

Was uns ab fünfzig bewegt
und beflügelt

Broschur mit gestalteten
Umschlaginnenseiten

Auch als E-Book erhältlich
www.eisele-verlag.de

Was uns ab fünfzig bewegt und beflügelt

Fünfzig werden ist eine Zäsur im Leben. Der Blick in den Spiegel wird kritischer. Die Leichtigkeit der Jugend schwindet. Doch etwas in uns nimmt auch Anlauf. Wir sind ja mittendrin. Und fühlen uns manchmal präsenter denn je. Die Fernsehredakteurinnen Christiane Hastrich und Barbara Lueg haben Experten und Gleichaltrige befragt, um Antworten auf ihre Fragen zu bekommen: Was ist noch möglich an Neuanfängen? Was geht vorbei, was rückt an die Leerstellen? Natürlich zwickt das Älterwerden – aber bis dahin ist noch jede Menge Zeit für Abenteuer!

»Ein tolles, sehr persönliches Buch über das Leben ab fünfzig.« *SR3*

VERLAG